색고운 우리 포장

머
리
말

처음과 끝이 한결 같아야 한다는 옛부터의 말이 있습니다 .
모두들 시작할 때는 꼭 그렇게 할 것이라고 마음을 다지면서 일을 시작하게 되지만 일을 진행해 나가면서 같은 마음으로 매듭을 지을 수 있는 경우는 많지 않다고 생각됩니다.
새로운 책을 만들어서 노트북 I, 노트북 II와 함께 계획했던 전 과정을 정리할 수 있도록 하자고 몇 분이 뜻을 같이하였고 큰 무리 없이 2004년 새해가 열리면서 노트북 III를 마무리 하게 되었습니다.

선물포장이라는 분야가 하나의 전문 직종으로 자리를 잡아가는 현실에 안주할 수는 없다는 생각과 더욱 전문화 되어 관련 분야와의 협력으로 더 많은 일자리를 만들어야 한다는 계획으로 분주한 마음입니다. 한편에서는 우리의 생활 속에 정착하여 허례허식이 아닌 보내는 이의 진심을 전달 받을 수 있는 생활문화로의 역할 또한 결코 무시될 수 없는 중요한 부분임이 일반인에게 인식 되어가고 있습니다.

혼례의 문화는 인생사에서 가장 중요한 부분을 차지하며 제대로 격식을 갖추어야 한다고 생각합니다. 현대화 되어가는 생활 속에서도 지나치지 않으면서 예를 갖출 수 있는 우리들의 옛 혼례의 격식은 전승되어져야 하며 필요한 부분은 변화가 있어야 할 줄 압니다.
본 책자는 우리의 전통 혼례 포장을 중심으로 한 생활 포장이라는 데에 의미를 둔 작업이었습니다.

어떠한 반응으로 이 책이 일반 독자와 선물포장 전문가들에게 받아들여질지 반신반의 하지만 나름대로의 충실을 기하려고 마음과 노력을 모았다는 것만은 분명합니다. 진행 과정의 어려움은 서로 덮어두고 확실한 결과물을 보면서 만족해야할 줄 압니다.
도움을 주신 여러분들께 이 지면을 빌어 감사의 말씀을 전하면서 더하여 우리의 생활 포장 연구에 뜻을 같이 하시어 조언을 주시길 부탁드리고 싶습니다.

2004년 정월에
(사)한국선물포장디자이너협회 이사장 김 명 숙

마음과 정성을 다하여 만들어내는 예술,

전통 혼례에서의 포장

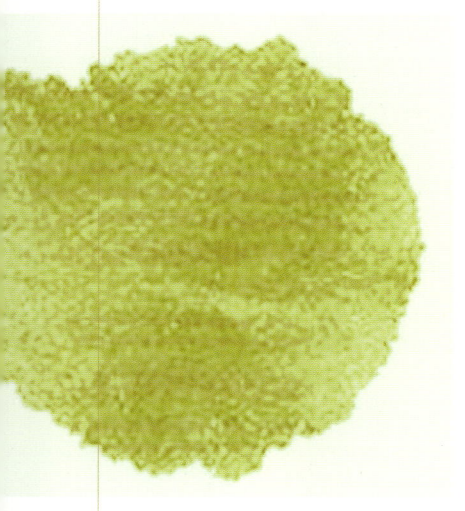

포장한다는 행위는 비슷하게 보여도 어떻게 포장하느냐에 따라 그 모양이 많이 달라진다. 똑같은 물건이라 하여도 포장의 재료와 기법 등 용기의 모양과 의미를 달리 한다. 또한 그 물건을 받는 사람의 반응을 생각하여 그 의미를 정하고 싸는 절차 하나 하나와 색감에 이르기까지 보내는 사람의 마음을 담아 전달한 것이 포장이라 할 수 있다. 정성이 들어간 선물은 받는 사람의 마음을 변화시키고 행복하게 만든다.
선물 포장은 그 행복을 만들어 가는 과정이다.

예전의 사람들은 포장을 단순히 소비자가 구매활동을 할 수 있고 물건을 안전하게 사용할 수 있도록 보호하는 기능으로만 활용하였다. 그러나 단지 안전하게 운반한다는 의미를 넘어 현재는 경쟁력을 갖춘 상품으로 발전하기 위하여 여러 가지 부수적인 기능을 첨부하기 시작하였고 그 모양도 예술적으로 변화되어 가고 있다.
얼마 전 까지만 해도 보릿고개를 이야기 했던 우리나라에서 선물포장이란 생소한 분야이며 화려한 낭비로 생각되어 질 수도 있다. 예의를 갖추어 사랑과 감사의 뜻을 전달하고자 하는 마음마저 무시된다면 포장의 의미는 더욱 퇴색되어 버릴 수 있다. 현 시대에 포장이란 단순히 물건을 운반하는 한 역할로서가 아닌 부수적인 기능을 가진 타 상품과

다른 외관과 색채로 소비자에게 구매충동을 불러일으키는 역할로도 활용하고, 전달하는 사람의 상품의 품질과 가치를 평가하는 역할로도 쓰이면서 포장을 배우려는 사람들이 늘어나고 있다.

누구나 한 번쯤은 선물을 건네 받으면서도 불편해 했고, 그 겉모양으로 선물의 가치로 평가하여 받기 전 약간 씁쓸해 했던 기억이 있을 것이다. 또한 반대로 너무나 화려하여 받는 다는 자체가 부담스럽게 여겨졌을 때도 있을 것이다. 그러고 보면 선물포장은 받는 사람의 마음을 적절히 파악하여 선물을 싸는 것도 중요한 부분이라 할 수 있다. 그래야만 받으면서도 그 감동이 전달될 수 있기 때문이다.

이렇듯 포장은 상대방을 배려하는 마음에서 비롯된다. 일정한 댓가를 지불하고 물건을 구입하는 것이 전부가 아닌 구입한 사람을 좀더 대접하고, 전달자로서의 가치를 좀더 높이기 위해 한 번 더 손이 가는 그 정성에서부터 비롯된다. 일정한 법칙에 따라 늘어놓고 포장해 나가는 것이 아니라 같은 물건이라도 받는 사람이 행복함을 느끼면서 받을 수 있는가에 대한 연구를 해야 한다. 때문에 포장하기에 앞서 선물포장에 대한 의미를 좀더 생각하고 그 느낌을 그대로 전달하는 것이 무엇보다 중요하다고 생각된다.

최근에 선물포장의 인기가 부상함으로서 많은 사람들이 싸는 모양과 어떤 것으로 쌀 것인가에 대하여 연구하는 단체들이 많이 늘어났다. 쉽게 다가갈 수 있는 예술로 변화해야 했다고나 할까.
이 시점에서 선물포장은 어떻게 하게 되었는지, 어떻게 해왔는지, 그리고 갈수록 서구화 되어가는 선물포장 문화에 우리 것은 없었는지에 대하여 생각해보게 되었다.
선물포장은 안에 담겨진 물건의 가치정도를 방해해서는 안 된다.
멋에 집착한 나머지 하염없이 시간을 투자한다거나 과다하게 포장하여 실용성이 떨어지는 포장은 실패한 포장이라 하겠다. 최대한 받는 사람이 즐겁게 받아서 서로의 정감을 느낄 수 있는 정도가 바로 포장의 목적이다.

전통 혼례의 절차

혼례의 역사는 지구상에서 인간이 생활을 영위해 온 역사만큼 오래 되었다고 볼 수 있다. 우리나라 혼례제도는 많은 변화를 겪었지만 일반적인 고대 혼속(婚俗)은 초서혼(招婿婚) 즉 남자가 여자집의 본채 뒤에 서옥이라는 자그마한 집에서 살다가 자식이 장성하면 처자(妻子)를 데리고 자기 집으로 간다는 풍속도 있었고, 고려 초기에는 근친혼(近親婚)도 있었는데 충렬왕 때 사촌까지는 금혼령을 내리기도 하였다.

고려 말 주자가례(朱子家禮)가 들어오면서 복잡한 혼례풍속이 생겨났는데 혼례가 체계화 되고 형식을 갖추게 된 것은 조선시대부터이며 인조 때 김장생의 가례집람(家禮輯覽)과 영조 때 이재의 사례편람(四禮便覽)에 기본이 되어 오늘날에 혼례풍속이 이어져 왔다.

혼례는 한 개인의 통과의례로서 사회기초 구성단위인 가정으로 형성하는 혼인 절차에 의거해 그에 소요되는 혼수품이 마련되어 왔고 특히 유교를 기반으로 삼아 가례(家禮)를 준행해 왔던 조선시대 에는 인륜지대사(人倫之大事)를 치르기 위한 준비과정으로 혼수품 마련에 큰 의의를 부여해 왔었다. 이로인해 혼수품은 혼례문화의 일부분이 되어 가정생활 속에 전승되어 왔다.

전통혼례에서 혼례의 혼(昏)은 일몰을 뜻하는 음과 양이 교차하는 시간에 예를 올렸으므로 어둘 혼(昏)자를 써서 혼례(昏禮)라 하기도 한다. 혼례란 혼인의례(婚姻儀禮)의 약어로 혼(婚)은 '남자가 장가든다.' 는 뜻이고 인(姻)은 '여자가 시집을 간다.' 는 뜻이다. 때문에 남자가 장가든다는 뜻만 담겨있는 결혼(結婚)보다는 혼인(婚姻)이라는 말이 본래 의미에 더 가깝고 평등한 의미를 담고 있어 우리나라 헌법에서나 민법에서도 그 의식을 가리켜 혼인이라고 표현한다.

혼례에 관계되는 내용들은 음양의 조화를 우선으로 하여 길함을 추구하며 색깔, 숫자, 방향, 위치 등은 양을 우선으로 하여 선택한다.

혼례의 절차를 육례로 나누게 되는데 의혼, 납채, 연길, 납폐, 친영, 헌구고례 이나 여기서는 전통포장과 연관지어지는 부분만 다루기로 한다.

1) 의혼(議婚)

양가가 중매인을 통하여 남자 집안에서 여자 집으로 청혼서를 보내며 여자 쪽에서 허락할 경우 허혼서를 보내게 된다. 이때 혼인할 의사가 없으면 사양의 글을 동봉해서 청혼서를 되돌려 보내게 된다. 요즈음에는 생략하는 경우가 많지만 상대방의 신상을 파악하기 힘들거나 불가능한 경우가 있으니 호적등본, 건강진단서, 졸업증명서, 재직증명서로 믿고 정혼할 수 있도록 주고받으면 가문과 성장과정을 잘 알 수 있다.

2) 납채(納采)

양가의 부모와 당사자가 혼인에 합의하면 신랑 집에서 신부의 집으로 신랑의 사주를 적어 보내는데 사주에는 신랑의 생년월일과 출생 시간을 써서 봉투에 넣어 싸리가지 사이에 봉투를 끼우고 청홍실을 꼬아 엮는다. 사주를 보내는 뜻은 천간지지(天干地支)에 의하여 당사자의 궁합과 택일을 정하는데 편리하도록 하기 위함이다.

3) 연길(涓吉)

택일(擇日)과 같은 혼인식을 치를 좋은 날을 택하는 것을 말한다. 신랑의 사주를 받은 신부의 집에서는 신부의 생리일(生理日) 등을 피하여 길일(吉日)을 잡아 신랑의 집에 보낸다.

4) 납폐(納幣)

신랑의 집에서 혼수와 혼서 및 물목을 넣은 혼수함을 보내는 것을 말한다. 우리 조상들은 '함'은 본래 남에게 함부로 맡기지 않고 신랑의 어머니나 친척 중에 덕망이 높은 분이 각별한 부부애를 기원하는 마음으로 정성을 다하여 포장하였다.

함의 재료는 변하지 않고 오래 보존되는 오동나무를 사용하는데 부부 금실도 그러라는 기운이며 혼서지는 '귀한 따님을 며느리로 주서서 감사합니다.' 라는 내용을 신랑 아버지가 직접 적은 것으로 신부가 일생동안 장롱 깊이 간직하여 두었다가 사후에는 관속에 넣어 일부종사(一夫從事)의 절개를 상징하는 증표이기도 하다. 또한 채단은 엉켜 꼬이지 않는 부부간의 화합의 뜻으로 쉽게 풀어지는 동심결로 매었으며, 5개의 주머니는 부부간의 해로와 잡귀를 물리치고 다산, 다복을 비는 염원을 추구하는 뜻으로 넣었다.

함을 보내는 시기는 혼인식 일주일 전 쯤(현재)에 보내게 되며 보낼 때는 봉치떡 시루 위에 놓았다가 함을 지고 가게하며, 함진아비는 첫아들을 낳고 부부 금실이 좋은 사람을 택해 당부의 말을 전하고 해질 무렵 청사초롱을 밝히면서 인도한다.

신부 집에 함이 들어오는 날은 대청마루나 현관에 상을 놓고 예탁보를 덮은 뒤 봉치떡시루를 놓고 기다린다. 그러면 함진아비는 "함 팔아요. 함 사세요."를 하며 뜸을 들이다 들어와 봉치떡시루 위에 함을 올려놓고 신부 집에서는 함진아비 일행과 인사를 나누고 함 값을 주며 후하게 대접한다.

봉치떡시루 위에 놓인 대추와 밤은 신부의 밥그릇으로 떠서 신부에게 먹이고 나머지는 칼로 베지 않고 손으로 뜯어 나누어 먹고 담 밖으로 내보내지 않는다는 속설로 전해지고 있다.

옛날에는 혼례의 모든 서식과 함을 보낼 때나 받을 때 꼭 사당에 고한 다음 행하였으며 서식과 함께 편지도 보내는 예를 갖추었다.

※ 납폐함 준비

납폐함은 신랑집에서 준비하여 함진애비에게 짊어지게 하여 혼례식 전날이나 일주일 전쯤에 신부집에 보낸다.

* 채단(采緞) 싸는 법

홍색 비단 치마감은 청색 종이에 싸서 홍색 명주 타래실로 묶고, 청색 비단 치마감은 홍색 종이에 싸서 청색실로 묶는다. 묶을 때는 동심결(同心結, 두개의 고를 내고 맞죄어 매는 매듭)로 맺는다. 이러한 포장법은 음(陰=靑=女性)과 양(陽=紅=男性)의 결합과 조화라는 동양사상에서 유래한다.

* 혼서 싸는 법

혼서는 혼서보나 금전지가 달린 검정색 비단 겹보자기에 싸서 '謹封' 띠를 끼워 놓는다.

– 혼서 서식 크기

가로 72cm × 세로 36cm, 가로 9등분 9칸

* 반지 싸는 법 : 황금 가락지나 백금 쌍가락지를 홍색 주머니에 넣는다.

※ 신랑집에서 함을 보내는 절차

봉치떡을 정성껏 찐 다음, 시루째 마루 위에 있는 소반에 갖다 놓고 그 위에 혼수함을 올려 놓았다가 지고 가게 한다. 함을 지고 가는 함진아비는 아들을 낳고 내외간의 금슬이 좋은 사람으로 선정한다. 홍단령(紅團領)을 입은 함진아비가 함을 지고, 서너 사람은 횃불을 들고 길을 인도한다.

※ 신부집에서 함 받는 절차

1 대청마루에 화문석을 깔고 상을 놓고 홍색보자기를 덮는다.

2 봉치떡 시루를 올려 놓는다.

3 시루 위에 청홍 보자기를 덮는다.

4 납폐함이 도착하면 정중하게 받아 떡시루 위에 얹어 놓고, 혼주가 함 띠와 함보를 풀어서 제일 먼저 혼서지를 꺼내 읽는다.

5 함 속에 넣고 채단을 꺼낸다. 청색 종이에 싼 홍단을 먼저 꺼내면 첫 아들을 낳는다는 옛말이 있다. 한편 신부집에서는 함진아비 일행에게 옷감이나 돈을 주고 음식을 후하게 대접한다.

※ 봉치떡

찹쌀 두 켜에 팥고물을 넣고 가운데에 대추와 밤을 박아 만드는 떡으로, 대추와 밤은 신부의 밥그릇에 떠 놓았다가 혼인 전날 신부가 먹도록 한다

5) 친영(親迎)

신랑이 신부집에 가서 혼례를 치르고 신부를 맞아오는 예로서 요즘의 혼례식에 해당된다.

친영은 전안례, 교배례, 합근례가 여기에 포함된다.

※ 전안례(奠雁禮)

신랑이 신부의 어머니에게 기러기를 전하는 의식을 말한다. 원래 산 기러기로 예를 행하였으나 근래에 와서는 나무기러기를 대신 사용하고 있다. 기러기는 한번 연(緣)을 맺으면 생명이 끝날 때까지 짝의 연분을 지킨다하여 신랑이 평생을 함께 하겠다고 맹세하는 서약의 징표로서 신부의 어머니에게 기러기를 드리는 의식이다.

1 홍색 보자기에 싸인 나무기러기를 안은 기럭아비가 앞에 서고 신랑이 그 뒤를 따라 신부 집으로 간다.
2 신부 집에 도착하면 신랑은 기러기의 머리가 왼쪽으로 가게 하여 기럭아비로부터 기러기를 건네받는다.
3 문 밖에 이르러 신랑은 소반위에 기러기를 올려놓는다.
4 신랑은 한 발 뒤로 물러서서 전안상에 절을 두 번 한다. 신부의 어머니는 기러기를 안고 방으로 들어간다. 옛날에는 신부의 어머니가 직접 받지 않고 신부집 하인이 받아 가지고 들어갔다.

※ 교배례(交拜禮)

전안례가 끝나면 신랑과 신부는 초례청에서 처음으로 상대방을 상견하게 된다. 상견례가 끝나면 신랑과 신부가 서로 상대방에게 절을 한다. 이 교배례로서 두 사람은 상대방에게 백년해로를 서약하는 것이다.

1 신랑은 초례청 동쪽 자리에 들어선다.
2 신부가 수모(手母, 시중드는 사람) 두 사람의 부축을 받으며 바닥에 깔린 청포(靑布)를 밟고 초례청 서쪽 자리에 들어선다.
3 신랑과 신부가 초례상을 사이에 두고 마주 선다.
4 상견이 끝나면 신랑은 시반(侍伴, 신랑을 시중드는 사람), 신부는 수모의 도움을 받아 세수 대야에 담긴 물에 손을 씻는다. 성스러운 혼례식

에 임하면서 몸과 마음을 정결하게 한다는 의미가 담겨 있다. 신부는 손을 씻는 흉내만 내고 소맷자락 밖으로 손을 내놓지 않는다.
5 신부는 수모의 도움을 받아 신랑에게 두 번 절을 한다.
6 이에 대한 답례로서 신랑이 신부에게 한 번 절을 한다.
7 신부가 신랑에게 다시 두 번 절하고 신랑이 신부에게 다시 한 번 절한다.
8 신랑이 신부에게 읍(두 손을 맞잡아 얼굴 앞으로 들고 허리를 공손히 구부렸다가 펴면서 두 손을 내림)하고 신랑과 신부가 각각 꿇어 앉는다.
9 시자가 술잔을 신랑에게 주고 잔에 술을 부어준다.
10 신랑은 읍하고 술을 땅에 조금 붓고 안주를 젓가락으로 집어 상 위에 놓는다.
11 시자가 신랑, 신부 술잔에 다시 술을 부어준다. 신랑은 읍하고 술을 마시고 안주를 젓가락으로 집어놓는다. 신부는 술을 마시되 안주를 먹지 않는다. 이 때는 부제(不祭)라 하여 술을 땅에 따르지 않는다. 술을 땅에 따르는 의식은 지신(地神)에게 올리는 일종의 제사이다.

※ 합근례

술잔과 표주박에 각각 술을 부어 마시는 의례로서 근배례라고도 한다. 처음 술잔으로 마시는 술은 부부로서의 인연을 맺는 것을 의미하며, 표주박으로 마시는 술은 부부의 화합을 의미한다. 반으로 쪼개진 표주박은 그 짝이 이 세상에 하나밖에 없으며 둘이 합쳐짐으로써 온전한 하나를 이룬다는데서 유래한다.

1 신랑 왼쪽의 시반이 신랑의 잔을 들고, 신랑 오른쪽의 시반이 술을 따른다.
2 신랑은 신부에게 읍하고 나서 시반이 들어 준 잔을 집어 술을 마신다.
3 신부 오른쪽의 수모는 왼쪽 수모가 들고 있는

술잔에 술을 따른다.

4 신부 왼쪽의 수모가 잔을 들어 신부의 입에 살짝 갖다 댄다.

5 신부 왼쪽의 수모가 표주박을 들면 신부 오른쪽의 수모가 술을 따른다.

6 신부의 수모가 신랑에게 표주박을 갖다주면, 신랑은 신부에게 읍하고 나서 표주박을 들어 술을 마신다.

7 신랑 왼쪽의 시반이 표주박을 들면 신랑 오른쪽의 시반이 술을 따른다. 신랑의 시반이 신부의 입에 표주박을 갖다 대고 신부는 마시는 흉내만 낸다.

합근례가 끝나면 혼례식의 절차가 끝난다. 신랑과 신부는 자리에서 일어나 양가의 친척과 여러 하객들에게 큰 절을 한다. 그러나 고례(古禮)에서는 시부모에게 폐백을 드리기 전에는 큰 절을 하지 않았다.

6) 현구고례(見舅姑醴)

폐백(幣帛)이라하며 혼례식을 마친후 신부가 신랑집에서 행하는 의식으로 신랑의 부모와 가족과 일가 친척들에게 예를 드리면 한가족이 되는 것이다. 폐백 의식은 현재에도 계속해서 지켜나가고 있는 전통 풍습 중의 하나로 혼례의식 만큼이나 중요한 절차이다. 요즈음 예식장에서 예식을 마친 후 폐백 예를 올린다. 폐백 음식은 시아버지에게는 홍색 보자기에 싼 대추와 밤을 올리는데 대추는 양(陽)인 아침을 뜻하며 밤은 음(陰)인 저녁을 뜻하므로 밤낮을 가리지 않고 섬기며 부지런히 할 것을 다짐하며, 시어머니에게는 청색 보자기에 싼 육포, 편포, 닭, 비단 등을 올려 정성을 다하여 의식을 궁색하지 않게 모시겠다는 다짐이다. 이 음식은 수모가 신부의 손을 거쳐 받든 다음 시부모님 앞에 올리고, 신부가 절을 하고 나면 시아버님이 신부에게 대추를 내리며 아들을 낳아 대를 이을 것을 당부하며, 시어머니는 육포를 어루만지면서 사랑으로 보호하며 감싸준다는 의미를 나타내준다.

옛날에는 시아버지는 도덕 교육에 대한 지침서나 족자 등을 하사했고, 시어머니는 대대로 물려 받은 집안의 상징적인 보석을 염낭에 넣어 내리기도 했다. 흔히보면 시부모나 그 외 가족들이 절값을 주는 경우가 있는데 이는 잘못된 폐습이다.

절받는 순위는 1 순위는 시부모이며, 2 순위는 조부모 계열이며, 3 순위는 큰아버지 내외, 작은 어머니 내외, 당숙부모, 고모와 당고모이며, 4 순위는 같은 항렬의 손위로 맞절을 하고 5 순위는 같은 항렬의 손아래 항렬로 맞절을 한다.

02

전래되는 우리의 포장
정성과 정성이 거듭된 축하와 나눔의 묶음

전통적인 한국의 포장은 시대를 규명하고 확실한 자료와 고증을 거쳐 분류하여 포장자체에 대한 규명이 있어야 하겠다. 아름다운 우리의 포장은 음식을 저장, 보관하기 위하여 만들어 졌다. 우리의 전통 조형 의식은 자연미학, 단아함, 모순의 미학으로 표현할 수 있으며 계란꾸러미를 살펴보면 절반은 그 바탕을 가로질러 계란마다 짚끈으로 한올, 한올 감싸고 있어 한 쪽이 훤히 뚫려 있는 모습이다. 좋은 포장은 안전을 위하여 잘 싸 주는 것이겠지만 더욱 완벽한 포장이란 안전을 보장하면서도 그 안의 내용물이 선도와 때깔을 자랑할 수 있는 즉 포장과 전시라는 동시적 실현을 가능하게 하는 것이다. 이에 내용을 알릴 수 있는 정보성이 포함 될 수 있다면 더욱 바람직한 것이다. 이러한 내용을 충족시켜주는 것이 전래의 우리 포장 계란 꾸러미이다.

기타 일상적인 전통포장의 형태로는 찻잔이나, 도자기 등의 포장, 함, 예물, 혼례예식포장, 생선꾸러미, 계란꾸러미, 가마니, 실첩이나 바느질 용품 등의 보관을 위한 포장 등을 들 수 있다. 이러한 포장의 유형에서 서민문화와 양반문화의 양극화가 뚜렷이 보여지고 있다.

우리나라 전통 포장의 역사는 신라 진덕 여왕이 당나라의 당헌종비에게 헌납하는 과정에서 헌납품을 포장하여 보내는 것에서 시작되었다고 한다.

조선시대에 와서 궁중의식에서부터 사대부들이 비단. 모시, 갑사, 국사 등으로 포장에 사용하였고, 서민들은 무명, 삼베, 짚을 이용하였다고 한다. 서민문화와 양반 문화의 양극화가 뚜렷이 나타나고 있음을 알 수 있다. 궁중 문화로서는 상징적 의미가 강한 포장으로 '가례도감'에는 옥쇄를 어떻게 포장하고 어떤 함에 넣고, 무슨 색과 형태로 디자인된 보자기로 싸고 운반해 왔다는 것을 '의궤(儀軌:조선시대에 왕실이나 국가의 주요 행사의 내용을 정리한 기록)'에 기록해 놓고 있다. 또한 왕실에서는 화각장 등을 예물함으로 사용하기도 하였다. 서민문화에서는 검소한 지호기법(종이를 여러 겹 붙여서 두께를 형성시켜 기물을 만드는 것), 지승기법(종이를 꼬아 만드는 것), 지도기법(대나무, 나무 등의 골격 위에 붙이는 것) 등이 전승되어 왔으며 종이를 가지고 많은 포장형태를 보이고 있다. 지궤, 지장함, 안경집, 상자, 소반, 탕건통, 갓집, 주머니, 지갑, 표주박, 굴레통, 실첩, 서류함, 필통, 화약통, 화살통 등이 그것이다.

특히 의식주를 포장하던 보자기는 고려 말엽부터 나타난다. 물건을 싸두면 복이 온다는 속신이 보자기의 발달을 더욱 부채질한 것으로 보여진다. 이러한 보자기는 신분에 상관없이 사용되었으며 현재에 남아있는 궁중보는 몇 가지 궁중화를 대표할 만큼 화려함의 극치를 보여주고 있다. 보자기는 기능성이 다양하고 경제성이 있으며 미의 실현도 우세하여 이른바 한국의 대표적인 포장형태의 하나이다.

보자기는 물건을 싸거나 덮기 위하여 헝겊으로 네모지게 만든 것으로 그 중 작은 것을 특히 보자기라고 한다. 복을 비는 마음의 정성을 표현한 것으로 각종의 예물을 쌌던 혼례용 보자기가 대표적이다. 그 외에 귀주머니나 돈이나 소지품을 넣기 위해 헝겊으로 만들어 끈을 꿰어 만든 주머니도 대표적인 전통포장 용품이다.

주머니의 분류

1) 형태에 따라 - 둥근 모양의 두루 주머니(일명 염낭)와 양옆이 각진 귀주머니
2) 입술의 접는 방법에 따라 - 민간에서 쓴 세모 주머니와 궁중에서 쓴 육모 주머니
3) 장식에 따라 - 금박주머니, 수주머니

4) 용도에 따라 − 향낭, 약낭, 필낭, 수저집, 안경집, 쌈지, 도장 주머니
5) 소재에 따라 − 갑사 주머니, 숙고사 주머니, 모본단 주머니, 호박단주머니, 가죽 주머니 등
6) 성별에 따라
　남자는 보라색, 옥색, 회색, 금향색
　여자는 다홍, 분홍, 연두색으로 주로 썼다.

두루 주머니는 한복의 호주머니를 대신한 주머니로 실용적 목적 뿐 아니라 마음을 담은 선물로도 사용되었다. 엽전을 담아 둘 목적으로 만들었다.
그 이외에 우리들이 생활 속에서 전해 내려오는 전통적인 포장 소재를 찾을 수 있으나 현대사회 속에서 모습을 찾을 수 없게 된 것들이 많다.
미적으로나 실용성으로는 가치가 있으면서도 사회 변화에 밀려 사라져 가는 포장소재나 방법을 정리하고 현재 유통되고 있는 포장 재료도 살펴보기로 한다.

전통 포장 재료

1) 가마니 − 짚 − 새끼
　포장을 한다는 행위는 가장 가까이에 있는 재료를 그대로 사용했을 것이라고 미루어 짐작할 수 있다. 인간 생활의 역사와 같이 논 농사가 있었고, 이것을 이용한 포장도 존재했을 것으로 보면 포장재료 중에는 가장 오래된 소재임이 분명하다. 강한 섬유질을 보유하면서 부드러워 사용하기 쉽다는 강점을 가지고 있다. 가마니의 탄생은 자연통풍, 습도의 조절이 자유로워 쌀이나 곡물, 소금, 연장류의 보관 등에 널리 사용되었다. 달걀 꾸러미도 이러한 짚의 장점을 이용한 홀륭한 생활포장이다. 짚으로 엮은 양미리의 모습, 시래기나 마늘의 꾸러미 등에서 기능성을 포함한 생활 속의 미를 발견할 수 있다.

2) 나무
지금은 플라스틱에 담겨져 있는 명란젓, 창란젓이지만 이들은 나무의 통기성을 이용한 지혜로운 포장의 방법이 있다. 나무상자는 예부터 의류의 보관, 운반에도 많이 사용되어져 왔으며 별도의 옻칠을 함으로서 내용물을 곰팡이나 기타의 세균으로부터 보호하여 수명을 연장할 수 있게 하였다.
원하는 형태로 잘라 다듬어 만들 수 있는 장점이 있지만 지금은 점점 사라져 찾아보기 어려워져 가고 있다. 최상급의 와인등의 주류포장에서는 현존하는 포장으로 과학적이고 최고도의 포장기술을 요구하는 골동품의 포장에서도 빠질 수 없는 재료이다.

3) 대나무 − 대바구니 − 대나무 잎
대나무를 세공하여 만들어 내는 바구니류는 현대의 생활에서도 존속해 내려오는 홀륭한 포장용품이다. 고급스러운 분위기의 연출은 물론이고 통기성, 기능성, 예술성까지 보유하고 있다. 대나무의 마디를 이용하거나 대나무의 잎을 이용한 포장의 테크닉은 앞으로도 연구의 여지가 많다.

4) 흙 - 도자기 - 항아리

음식물의 포장에 빠질 수 없는 흙으로 빚어 낸 도자기나 항아리는 앞으로도 지속적으로 고급화할 것이다. 토속주, 액체류의 보관이나 포장 방법으로 큰 자리를 차지하고 있다. 점점 집에서 담그는 된장, 고추장이 사라지면서 선물용품으로 각광을 받고 있기 때문에 이에 따른 포장의 방법이나 포장자재의 연구도 필요하다.

5) 종이류 - 지관 - 골판지

종이는 평면상태에서 입체적인 형태로 전환시키기에 합리적인 재료로 간단한 도구(칼이나 가위, 자, 접착테잎, 풀 등)로 다양한 형태나 구조를 제작 관리한다. 예부터 한지는 지질이 부드럽고 질겨 오랫동안 보관이 가능하였다. 향긋한 향기와 통풍이 잘되어 동양권에서는 지질이나 디자인에 많은 발전을 보여주고 있다.

닥나무 껍질인 저피(底皮)에 어원을 두고 저피 - 조비 - 종이로 변했다고 한다. 한지의 수명은 1000년 이상으로 보존성이 뛰어난 영구적인 소재이다.

전통적인 수가공에 의해 제작되는 한지와 일부 공정기계를 사용하는 기계지로 구분되는데 원료에 따라 농성지, 태지, 장자지, 호적지, 문용지, 박엽지, 화선지 등 원료에 다라 다양한 한지가 있다. 녹차류의 포장에 쓰이는 지관도 종이의 특성을 이용한 포장 방법이다.

'파피루스(Papyrus)' 라는 식물의 외피를 얇게 벗겨 만든 최초의 종이는 엄밀한 의미에서 종이라 할 수 없으며, AD 105년에 중국의 채륜이 섬유와 넝마를 원료로 최초의 종이를 만들었다고 전해진다. 1450년 독일의 구텐베르크의 인쇄기술의 보급으로 제지기술은 급속히 발달하게 된다.

골판지는 산업포장이 발달하면서 급속히 발전하게 되며 다양한 종류와 재질이 유통되고 있다.

양지는 목재에서 추출한 섬유, 펄프에 화학적인 보조재를 섞어 제조하는 것으로 용도에 따라 많은 종류의 재질이 있다. 포장의 형태나 용도에 따라 적절한 재질의 포장지의 선택은 필수적이다.

03

혼례 색상의 의미

오방색

개념으로 볼 때 기본색은 빨강, 노랑, 파랑, 흰색, 검정으로 이를 오방색이라 하는데, 오방은 동, 서, 남, 북과 중앙을 가리키며 각 방향의 의미와 상징을 색채의 개념과 일치시켰다.

태양이 솟는 동쪽의 색인 파랑은 부활-탄생을 의미하고, 남쪽의 색인 빨강은 작열하는 태양처럼 왕성한 생명력을 의미하였다. 따라서 사람에게 해로운 것을 물리쳐 준다고 믿어 간장에도 붉은 고추를 띄웠으며, 경사가 나면 붉은 팥이나 수수로 떡을 하였고, 아기의 옷에도 빨강과 파랑을 사용해야 복을 많이 받는다고 생각하였다.

우리 민족의 뛰어난 색채 감각

우리 고유의 색은 음양오행적 우주관에 바탕을 둔 오정색(五正色, 또는 오방색)과 오간색(五間色)을 기본으로 염재를 복합하여 은은하고 소박한 색까지 물들였다.

농경생활을 해온 우리 조상들은 대자연의 주재자가 광명신인 태양이라고 믿었고, 그 태양은 흰빛[白色]을 상징한다고 생각해 백색선호가 생겨났다. 그리고 우리의 색은 자연관을 우주관으로 믿는 토속신앙과 음양오행 즉, 청(동쪽), 흰(서쪽), 적(남쪽), 흑(북쪽), 황(중앙)의 오정색에서 그 근간을 찾

을 수 있다. 이 오정색은 명색 및 원색적인 강렬한 색으로, 단청 같은 화려한 감각을 선호한 우리 민족의 색채감각을 엿볼 수 있다.

조선시대에는 선비[儒]사상이 주류를 이뤄 흑백의 조화와 옥빛을 선호하는 색 감각을 볼 수 있으며, 또 화려했던 문양은 남존여비사상에 해 천의 조직 속으로 묻혀 들어간 '충전문양'이 되어 아름아름 드러나지 않도록 감춰지게 되었다. 그 색채는 여러 가지 복합색으로, 은은한 유사배색과 간색으로 다양해져 100여 개 이상의 색 이름이 사용되었다.

따라서 우리 고유색의 특징은 백색선호, 대비색 조화로 오방색(치마와 저고리 색의 대비), 백색과 흑색선단의 조화(선비들의 창의 및 흰색의 도포에 빨강, 남색의 도포끈), 간색의 조화(조선조 여인들의 옷에서 보여주는 유사색의 은은함) 등으로, 우리 민족은 다양한 색채감성과 색의 선호성을 보유하고 있었다.

생활 속 깊숙이 자리 잡은 우리 색

우리의 색은 생활 곳곳에서 널리 사용되어 왔다. 오방색의 의미를 살펴보면, 동쪽은 청색으로 나무와 봄을, 서쪽은 백색으로 금과 가을을, 중앙은 황색으로 흙을, 남쪽은 적색으로 불과 여름을, 북쪽은 흑색으로 물과 겨울을 상징한다.

이러한 상징성은 의상이나 집치장 등 생활 곳곳에 응용돼왔다. 또 「삼국유사」의 "우물에서 나올 때마다 푸른 옷을 입은 신동(神童)이 먼저 솟아 나왔으므로 절의 스님이 이로써 알게 되었으며 우물가에서 나와도 그 옷이 젖지 않았다.", "바위 아래 몸을 던지니 청의(靑衣) 동자가 손으로 받들어 돌 위에 올려 놓았다."라는 설화에서 색 이름은 물론 색의 성질까지 나타내고 있음을 볼 수 있다. 또 적색은 악마를 쫓는다는 의미에서 문설주에 주서(朱書) 부적을 붙이거나 두 뺨과 이마에 연지점을 찍기도 했으며, 동짓날 팥죽을 끓여 집안 구석구석에 뿌려 액을 쫓고자 했다. 그리고 농가월령가나 민요 등에서도 '물들었던' 흔적들을 찾아볼 수 있는데, '쪽씨 심어 쪽저고리 / 잇씨 심어 다홍치마 / 명주고름 곱게 달아 / 횃대 뿌리 걸어 두고 / 들명 보고 날명 보고' 라는 우리 민요에서는 아낙네의 색채감각에 대한 예술적 심성을 엿볼 수 있다.

* 흑색(黑)
  북쪽, 겨울, 신장(腎臟), 짠맛, 슬픔, 지(智)를 상징한다.
* 적색(赤)
  남쪽, 여름, 심장(心臟), 쓴맛, 즐거움, 예(禮)를 상징한다.
* 청색(靑)
  동쪽, 봄, 간장(肝腸), 신맛, 기쁨, 인(仁)을 상징한다.
* 황색(黃)
  중앙, 비장(脾臟), 단맛, 욕심, 신(信) 등을 상징한다.
* 백색(白)
  서쪽, 가을, 폐장(肺臟)과 코, 매운맛, 분노, 의(義)를 상징한다.

한국인의 복식과 색채

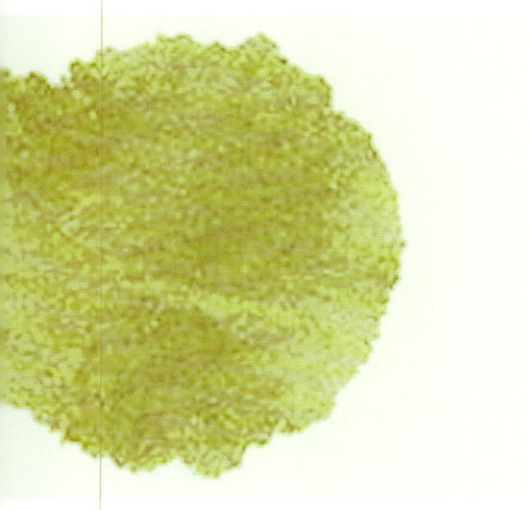

오방색과 복식, 전통복식의 색깔논의에 있어서 집중적으로 언급되는 것은 방위에 따른 5방색의 언급이다. 정신적, 물질적 우주의 모든 존재를 다섯의 구성으로 보려는 오행설은 색채까지도 다섯으로 표정 짓고 우주의 모든 개념을 다섯 가지 기본 색과 연결지으려 했다. 오행사상에서는 동서남북과 그 중앙 다섯 방위를 오방으로 보고, 여기에 각각 다섯 가지 색깔을 적용시켜 풀이한 것이다. 동은 청색, 남은 적색, 서는 백색, 북은 흑색, 중앙은 황색, 그 사이에 끼어있는 간색으로 홍, 벽, 류, 황, 녹, 자색을 설명하였다.

청색의복에 사용된 전통색은 시대에 따라 다양하게 나타난다. 물론 이 다양한 색깔의 기본은 청, 황, 적, 흑, 백의 5색이고, 이들의 농담에 따라 다양한 색깔을 창출한다. 이 색깔의 명칭은 염색의 방법을 알려주는 계기가 될 수 있을 뿐 아니라, 색에 대한 감각 표현의 일단을 파악하게도 한다.

일반적으로 적, 청, 황, 백, 흑의 5정색이라 한다. 또한 청색과 황색의 간색인 녹색, 청색과 백색의 간색인 벽색, 적색과 백색의 간색인 홍색, 흑색과 적색의 간색인 자색, 흑색과 황색의 간색인 유황색을 5간색 또는 5방 잡색이라고 말한다.

✳ 청색

청색은 오행으로 따지면 목에 해당하고 동방을 뜻한다. 계절로는 봄에 해당한다. 「석명 」에는 청은 태어남의 의미를 지니며 물체가 소생하는 때의 색으로 보았다.

이 청색은 벽계와 녹계로 구분된다. 벽계에는 창, 남, 아청, 청현, 유청, 창황 등이 포함된다. 창은 면류관에 늘여다는 구슬의 색에서 찾을 수 있다. 남은 일람, 양람, 품람 등으로 구분하기도 하는데, 청색에 검정이 섞인 색이다. 왕비나 궁녀들이 가례 때는 남겹 치마를 안에 입고 그 위에 자주치마를 입었으며, 또 젊을 때는 대개 자주나 홍치마를 입지만 나이가 들면 남치마를 겉치마로 입었고, 또 혼자된 왕비나 대왕대비도 남치마를 입었다. 세자빈의 최고 법복인 적의도 남 바탕이다. 아청은 검은빛을 띤 푸른색으로 조선시대 조신들의 관복 색깔로 규정되어 단령, 이엄, 감투 등에 사용되었다. 청현색은 푸른빛이 도는 검은색으로 조선시대 당상관이 남철릭(철릭−무관이 입던 공복의 한 가지)을 입은 데 반하여 당하관은 청현색 철릭을 착용하였다. 또한 녹사도 대소조의에 청현색의 단령(공복의 한 가지로 벼슬 아치가 평소 집무복으로 입던 옷)을 입었다.

✳ 녹색

녹색계는 비색, 연두, 옥색, 흑유색 등을 들고 있다. 비색은 남색과 청색의 중간색이고, 연두는 녹색과 황색의 간색으로 원삼, 당의, 저고리, 두루마기 등 주로 여성의 의복에 많이 쓰였다. 진한 녹색은 일반 서민이나 계급이 낮은 수모의 저고리를 사용하였다.

옥색은 약간 푸른빛을 띤 파르스름한 색깔로 조선시대 궁중에 왕비의 회장저고리, 왕의 평복에 사용례가 보인다. 이색은 궁녀들의 회장저고리 바탕색으로 궁중에서 가장 많이 입었던 색이다. 왕비도 혼자되면 회장저고리가 아닌 민옥색 저고리를 입었고, 왕은 대개 옥색 저고리, 옥색 두루마기가 통례이다. 「오례의」에 대왕의 상에는 졸곡 뒤에 백관들이 옥색단령을 입도록 하였고, 중종(1506~1544)때에는 천릉시백관이 옥색 의를 입도록 한 적이 있었다. 흑유색은 검푸른 청색으로 성종(1469~1494) 6년 1월 조신들의 단령색으로 정한 적이 있다.

「석명」에 "표(옥색)는 표와 같은 것으로 표표하여 엷은 청색이다. 벽표,

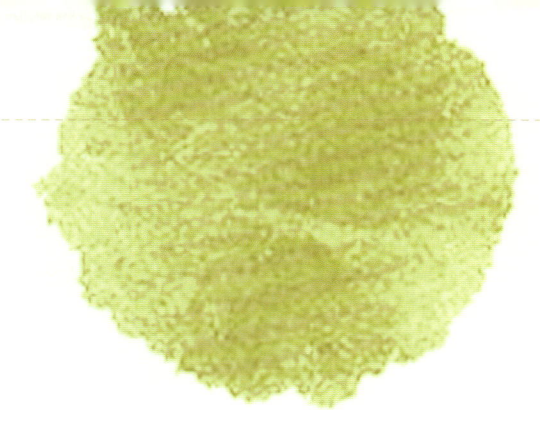

천표, 골표 등이 있는데 이것은 각각 그 물체의 색으로 이름 지은 것이다."라고 하였다. 녹색에 관하여는 "녹은 유라는 것으로 형천의 물을 강변에서 바라보니 유현이 녹색인데 녹은 이 색이다."라고 하여 녹색을 설명하고 있다.

또 청색에서 흔히 쓰이는 색으로 감색을 들 수 있다. "감이란 함을 말한다. 청색이면서 적색을 포함한 것을 말한다."라고 하였는데 「석명」에는 적으로 하염한 후, 남을 염한 것이다. 염료에 의한 염물은 적에 천을 청에 남을 사용한 것이 마왕퇴일호묘 출토품에 의해 확인되었다.

✱ 백색

동월의 「조선부」에 우리 민족은 흰옷을 좋아한다고 기록할 만큼 백색은 상고시대부터 생활에 중요한 색이었다. 이 백색은 방향은 서, 계절은 가을에 해당하며 '의, 상, 금'을 포함한다. 백색이 의복의 색깔로 제한되기 시작한 것은 고려 충렬왕 때부터이다. 충렬왕 원년 6월에 역시 오행설의 방위 개념에 따라 우리나라는 동방에 속하기 때문에 당연히 의복에 있어서도 청색을 숭상해야 한다는 논리였다. 이러한 백의 금지 논의는 성리학을 신봉하는 조선조에서는 오행상극의 논리가 더욱 강하게 작용하게 되고, 여러 차례의 금령이 내려지기도 한다. 명종(1545~1567) 이후 점점 백의를 입자, 선조(1659~1674) 때 다시 금하여 줄 것을 상소하였다.

현종(1659~1674) 때 또한 금지하도록 하여 사인, 사대부 모두 이를 준행하고 청의를 담청으로 하였다. 14년에는 백의를 입는 자는 엄벌에 처할 것을 명시하였다. 이렇듯 오행설에 의한 것, 또는 백색에 슬픔을 나타내는 상복의 색이라는 생각 등으로 금제를 건의해 왔던 것이다. 이러한 영향에서인지 일상 의복에서 백색은 꺼리게 되고 '신해 7월 상감마마 육순 천만세 탄일 의대발기'의 '옥색 의대(저고리)애 흰 바지가 잔누비겹바지 10벌, 보라 삼팔주 솜바지 5벌' 등과 같이 바지나 속옷, 버선 등에 흰색을 썼던 것 정도가 확인된다.

✱ 황색

황색은 방위로 보면 중앙을 나타내고 '신, 궁, 토'를 상징한다. 「석명」에는 밝음을 말하는 것으로 햇볕의 색을 타나낸다고 하였다.

황색은 중앙을 상징하고 또 중앙을 상징하는 황제가 황색의 복색을 착용하였으므로 조정의 신하들은 황색 의를 착용하지 못하였다. 신라 법흥왕 때 제정된 대사가 선저지까지 하품의 복색규정이나, 흥덕왕 9년의 복식금령에서 서인들에게 황색을 금했던 기록들이 찾아진다.

조선왕조에서도 황색금령은 복색금령 중에서 가장 높은 빈도를 나타내고 있는데, 특히 세종이나 태종조에 많이 나타나고 있다. 그러나 송화색이나 치자색의 옷은 색이 주는 안정감으로 부녀자들이 즐겨

찾았던 색이다. 송화색은 송화와 같은 색으로 황색보다 약간 연한색이다.

영조(1724~1776)시대 세자 가례 때, 재간택에 선발된 처자에게 궁에서 송화색 저고리가 내려진바 있고, 광무(고종 31년)까지는 나인들 중 젊은이는 마음대로 노랑저고리를 입을 수 있었는데, 이러한 색들은 중국 황제의 황금용포 색과 같을 수 없기 때문이다. 유물로 전해오는 영왕 비의 송화색 저고리는 당의 착용시, 안에 받쳐입는 당의 삼작용으로 착용한 것이다. 또 평상복으로 착용하였던 삼회장 저고리가 있어 모두 두벌이 전해오는데, 궁중유물전시관에 보존되어 있다.

＊ 적색

적색은 방위로는 남방에 속하고, 계절로는 여름에 속하는 색이다. 그리고 '예, 미, 화'의 의미를 포함하고 있다. 크게 홍색계와 자색계로 구분하고 있다. 홍색은 조선시대 역대 왕의 곤룡포, 문무관리의 단령, 금관저복, 동다리(지금의 두루마기와 비슷), 왕비의 원삼, 스란치마(폭이 넓고 긴 치마로 치마 끝에 금박 무늬나 용·봉 따위를 수놓은 옷단을 닮) 등에 사용되었다. 홍색의 염료인 홍화, 소목 등의 값이 비싸고 사치가 심하므로 여러번 금제가 내려졌던 색이기도 하다. 세종 때에는 대홍염의 외의는 조신들이 입지 못하게 하고 양반부녀의 외의와 서인, 천인 남녀 내외 의에도 대홍색을 쓰지 못하게 하였다. 또 강, 훈, 비 등의 홍색계 색명들이 여러 문헌에 나타나고 있는데 왕의 공복인 항사포, 훈상 등은 아예 색명이 의복의 이름에 붙어 정착된 것도 있다.

한대에 간행된 「석명」을 중심으로 적색과 그 간색을 살피기로 한다. 먼저 강색을 보기로 한다. 「석명」에 "강색은 정교한 색으로 염색하여 나타내기 매우 어렵다. 그래서 이 색을 나타내면 '정교하다' 라고 한다." 라고 하였다. 또 「설문」에는 " 수, 모수, 여로 등을 염재로 하여 강색을 나타낼 수

있다"고 하였다. 모수는 꼭두서니인데, 이뿌리에서 빼낸 물감으로 염색한 적색이 강색이라는 것을 알 수 있다.

＊ 흑색

흑색은 오행법으로는 수에 해당하는데 방위는 북쪽, 계절은 겨울에 해당한다. 조선시대 의복에 많이 쓰였으며 조신들의 관복에도 선조 이후 흑단령으로 착용하게 되었다. 일반 서민 부인들도 무명에 검정색 치마를 물들이고 저고리는 소색 그대로 무명저고리를 착용하였다. 흑색계통으로 치, 조 등의 명칭이 문헌에 나타난다. 치색에 대하여는 「석명」에 "치는 재라는 것으로 이의 검은 것을 재라고 한다. 이색이 그러하다. "라고 하였다. 「주례」의 "훈색으로 염색하려면 적색 안료액에 3회 담그면 된다. 이것을 그 후 2회 흑색의 안료액에 담그면 취가 된다. 취는 지금의 예로는 흔히 작이라고 쓴다. 작두색을 말하는 것이다. 이것을 다시 2회 흑으로 염색하면 치가 된다. 현이라는 색은 취와 치의 중간색이다. 치보다 1회 적은 6회 염색한 것일까'라고 하였다." 이와 같이 치는 적으로 염색한 후에 흑으로 염한 것이다. 이 주에 의하면 후한시대에는 치, 현, 작두색의 순으로 흑미가 옅어져 간다고 생각한 것을 알 수 있다.

「석명」에는 치색과 함께 조색을 들고 있는데 "조란 아침을 말한다. 해가 뜨기 전 일찍 일어나 물체를 보면 모두가 검게 보이는데, 이 색은 그 검은색을 말하는 듯하다. 반면에 「설문」에서는 이 조자를 '초'라고 쓰며 "초는 초두를 이르며 가죽나무의 열매다. 혹 상두라고도 한다."라고 하였다. 상수리나무 껍질은 염색에 사용된다. 철의 매염제로 도토리 껍질을 삶은 물로 물들이면 짙은 자색을 띤 흑색이 되는데, 조를 이 색으로 보면 틀리지 않을 것이다.

05

보자기에 대하여

보자기의 역사

지금은 보자기라고 불려지지만 원래 복(보자기 복)이라고 불리워, 福과 같은 음으로 물건을 싸 두면 복을 불러온다고 전해져 왔다.

오래된 것으로는 고려시대(10-13세기)의 보자기가 남아있다. 가장 많이 만들어지기는 18세기 경이었지만 20세기에 들어와서도 일용품으로 각 가정에서도 많이 사용되고 있다.

보자기의 용도

보자기는 사용하는 목적에 따라서 여러 가지 크기가 있다. 싸는 것을 목적으로 하면서, 장식용으로도 쓰이는 것으로는 약 30cm사방, 혼례용으로는 60cm사방, 의류용으로는 120cm사방으로 정해져 있었다. 큰 것으로는 2m 가까운 것도 있어 뒤주나 상자, 이불을 싸는데 사용되었다. 일본이나 중국의 보자기와 다른 점은 물건을 싸서 맬 수 있도록 끈이 달려 있다는 것이다. 한 개의 끈이 달린 것, 2개, 3개, 4개 달린 것이 있었으며 끈의 수에 따라 용도가 달랐다.

한 개의 끈이 달린 것은 대개 노리개와 같이 작은 장식물을 싸둘 때, 두 개의 끈이 달린 것은 패물류, 세 개인 것은 예단이나 옷감을 싸두었다.

끈이 네 개 달린 보자기는 함이나, 밥상처럼 큰 물건을 덮어 쌀 때 주로 쓰였고 끈이 없는 것은 예물을 보낼 때 그 밑에 깔거나 덮는 구실을 하였다.

이런 다양한 크기의 보자기가 만들어진 배경에는 집이 좁은 탓이었다고 생각되어진다. 옷장을 놓을 공간이 없는 집에서 개어 놓은 이불이나, 나무 봉에 걸어놓은 의류들이 눈에 거슬렸기 때문에 이러한 배려가 있었던 것이다. 필요할 때 최대의 용적으로 쓰다가 사용하지 않을 때는 작게 접어두면 자리를 차지하지 않는 가재도구로 적격이었다.

보자기의 용도의 또 하나는, 덮어 씌우기 위한 것이기 때문에 끈이 달려있지 않지만 보자기 중앙에 리본이 붙어 있으며 '반상보' 라고 불리고 있다.

이름에서 알 수 있듯이 상 위에 식기를 덮는 것이다. 중앙에 달린 리본을 잡으면 싹 들어 올릴 수 있는 기능적인 디자인 이면서 한국인들에게는 복을 부른다고 하여 많이 사용되어져 왔다.

박쥐 모양의 귀여운 천으로 만든 장식이 붙어 있는 것은 장식용으로도 사용된다.

우리의 전통 보자기는 없어서는 안 될 일상의 소품이면서 한 폭의 그림과도 같다. 옛 보자기에는 작은 생활용품에도 가족을 생각하는 마음, 복을 기원하는 마음 등 만든 사람의 따뜻한 정감과 마음 씀씀이가 배어있다.

현대 생활에서도 이러한 장점을 살릴 수 있는 새로운 포장의 자재로 이용할 수 있도록 연구 개발하여야 한다고 여겨진다.

보자기에 사용된 천과 크기

보자기를 만드는 방법에 따라서 홑보자기, 겹보자기, 솜보, 누비보, 깨끼보, 조각보 등으로 나눌 수 있으며 자수(수보자기), 누비, 조각 잇기, 형지로 무늬를 박아 염색한 염색보도 있다.

사용된 천은 실크, 마, 목면이 주로 사용되었고 종이도 사용되었다.

실크는 오간지 처럼 얇은 것, 명주 같은 두터운 것,

자카드 짜임 등 여러 가지가 있다. 모시나, 마도 실크보다 비싼 것도 있다. 얇으면서 섬세한 저마 (苧麻), 서민적인 대마(大麻)등 촉감이나, 색이 다양하다. 목면은 서민적인 것으로 작업복을 만들고 남은 천으로 만든 것도 많다. 상보로는 여름철에 통기성이 좋은 모시나 삼베, 얇은 견직물이 사용되었고, 겨울철에는 두터운 견직물이 주로 쓰여졌다.

제작하는 방법으로는 역시 조각보가 많으며 예술적 가치도 인정받을 만큼 매력적이다.

조각보는 한복을 만들고 남은 조각을 이용한다든가, 낡은 한복을 이용하여 깨끗한 부분을 재이용한다고 하는 다른 민족의 패치워크와 같은 배경을 가지고 있지만, 한국은 유교의 나라이기 때문에 작은 천을 이어가는 행위가 장수를 기원한다는 의미를 가지고 있어 더욱 조각보가 많이 만들어 졌다고 보여진다.

이 조각보도 홑겹으로 만든 것과 겹으로 만든 것이 있다. 아메리칸 퀼트의 대표적 방법인 홑겹의 바느질은 다른 곳에서는 잘 볼 수 없는 바느질임에도, 한국의 조각보에서 볼 수가 있다. 이음새가 어떻게 되어 있는지 알 수 없을 정도로, 시접이 접혀져 꿰매어져 있다. 덮어씌우는 방법과 비슷한 것으로 접어 겹쳐 꿰매기, 시접 부분의 천이 전부 말려져서 완성되어 있어 양면으로 쓸 수 있는 한 장의 천처럼 되어 있다. 천을 이을 경우의 꿰매어 잇대는 방법으로는 감침질, 세 번 모아 감치기가 있는데 모두 한국의 독특한 바느질법이다. 모시나 삼베는 홑겹으로, 실크는 홑겹이나 겹보자기로 만들 수 있지만, 오간지와 같은 얇은 감은 세 번 모아감치기의 방법을 사용한다.

조각보의 디자인은 특별히 정해진 패턴은 없지만, 이조의 공예품에서 공통적으로 보여지는 직선에 의한 구성이 특징이라고 말할 수 있다. 크고 작은 천을 이은 이음새의 복잡한 라인은 늠름하면서도 아름답고, 스텐드 글래스처럼, 몬드리안의 회화처럼, 다른 패치워크에서는 찾아볼 수 없는 조각보의 매력으로 되어있다.

조각보의 소재

조각보의 색을 맞추어 내기 위하여 천연의 염료를 연구 이용하고 있다. 염료는 생화, 양파의 껍질, 쑥, 울금(심황)등의 식물, 조개 등을 이용하여 만든다.

보자기의 종류

반상보, 다상보(茶床褓), 수랏상보, 주발보, 숭늉보, 버선보, 버선본보, 조각 앞섶보, 조각 배게보, 빨래보(서답보), 옷보, 함보, 기러기보, 예단보, 폐백보, 노리개보, 바릿대보, 다래보, 돈보, 덥개보, 경대보, 그림보(畵褓), 불교 의식보, 탁본보, 수보(자수보), 금박, 은박보, 좀보(능화판으로 찍어 만듦), 목판보, 마직보, 궁보(궁에서 사용하던 것으로 귀족 취향으로 화사하고 세련됨), 민보(서민들이 사용하던 것으로 서민 취향의 원만하고 투박함이 보인다)가 있다.

보자기의 분류

1) 구조적 특징에 따라
   홑보, 겹보, 솜보, 누비보, 조각보, 식지보(기름종이로 만든 보)가 있다.
2) 문양의 유무에 따라 – 유문보(문양이 있는 천으로 만든 직문보, 금박보, 당채 그림을 그려넣은 당채보와 무문보로 나뉜다.)
3) 용도에 따라 – 덮개보, 경대보, 밥상보, 이불보, 옷감보, 책보 등의 상용보와 폐백보, 사주보, 예단보, 기러기보 등의 '혼례용보', 종교의식용 및 장례용 등의 '관보'로 쓰인 특수 보가 있었다.
4) 색상에 따라 – 청홍보, 사주보, 호아색보로 나뉜다.
5) 문양의 종류에 따라 – 용문보, 화목문보, 문자문보가 있다.
6) 재료에 따라 – 명주보, 비단보, 면직보, 모시보, 삼베보가 있다.
7) 폭수에 따라 – 1폭보, 2폭보, 3폭보 등으로 나눌 수 있으며 싸두는 물건에 따라 1폭에서 9폭까지 있었다.
* 참고로 한 폭의 넓이는 명주의 폭을 기준으로 한 변의 길이가 35cm 내외였다.

0 6

문양에 대하여

문양이란?

문양은 집단적인 가치 감정의 상징물로 일반화되어 있으며, 예술적 욕심 없이 소박한 생활 욕구에 따라 전해 내려오는 틀을 존중하면서 그려진 것이라고 할 수 있다. 이와 같은 내용을 재고해보면, 문양은 그것을 향유하는 집단 사이에서 약속된 부호와 같은 성격을 지닌다는 것을 알 수 있다. 그래서 사람들은 문양이 상징하고 있는 사물이 눈앞에 있지 않아도, 문양만 보고도 어떤 반응을 보이게 된다. 문양은 의식의 반영이며 정신활동의 소산임과 동시에 창조적 미화활동의 결과이다. 이런 면에서 문양에 조형 미술의 원리가 포함되어 있다고 볼 수 있으나, 주제의 성격이나 표현내용으로 볼 때 순수 감상용 미술과는 다른 특성을 가지고 있다.

순수 감상용 미술이 작가 개인의 주관적 사상과 정서를 표현한 것에 반대 성격으로서, 문양은 집단적인 가치 감정의 상징물로 일반화되어 있다. 그러므로 문양은 보편적 의미로 언급하면 무늬의 개념으로 국한되지만, 그 범위를 확대하여 생각해보면 시문된 물체의 재료에 따라서 점, 선 등의 질감

(texture)에 따라 공예, 회화, 건축 등의 공간을 구성하는 요소로서 장식적 효과를 갖는 것이다. 따라서 문양의 실제 혹은 공상적 물상의 양식화된 형태로서 구분하여, 시대적, 사회적 질서 속에 전개된 조형 단위를 의미한다. 그러므로 문양은 예술적 욕심 없이 소박한 생활 욕구에 따라 전해 내려오는 틀을 존중하면서 그려진 것이라고 할 수 있다. 그래서 사람들은 문양이 상징하고 있는 사물이 눈앞에 있지 않아도, 문양만 보고도 어떤 반응을 보이게 된다. 특정 사물이 다른 세계를 연상시킨다던가 다른 사물과 유사하다는 것에 근거를 두고 거기에 현실적인 욕망을 담아서 그것이 성취되기를 바라는 것이 주술의 사고 원리이다. 정겨운 우리의 고유문양들은 골무, 주머니, 보자기, 옷감, 도자기, 떡살, 기와 등등의 의·식·주를 망라한 옛 조상들의 생활주변 구석구석 모든 곳에서 찾아 볼 수가 있고 일상의 생활과는 거리가 멀어 보이는 사찰과 궁궐에서도 역시, 거의 문양의 전시장이라 할 만큼 우리 전통문양의 진수를 감상 할 수가 있다. 현대

의 우리 일상의 주변에서도 심심찮게 마주치며 살아가고 있다. 입고 먹고 생활하는 모든 공간 어느 한곳이라도 문양이 나타나지 않는 곳이 없다 해도 과언이 아니다.

이처럼 전통문양은 우리 전통예술의 한 장르로 당당히 자리 매김을 하고 있으나 요즘에 들어 그 중요성이 너무나 퇴색되어 버린 것 같다.

우리의 전통문양에는 시각적인 외형미, 장식미 이상의 것 즉, 그 이면에는 상당한 의미와 상징이 담겨져 있다. 그 속에는 구체적으로 조상들의 소망과 행복관, 윤리관, 자연관, 우주관등이 용해되어 있는 것이다.

예를 들자면 용 문양은 권력의 상징으로 왕을, 봉황은 봉황이 날면 뭇 새들이 따른다하여 왕비를 상징하였고 이 두 문양은 일반인들의 사용이 금지되어 있었다. 불교의 상징으로 알고 있는 연꽃은 생명의 창조 및 번영과 다자(多子)의 상징으로, 모란(작약)은 부귀와 명예의 상징으로, 매화는 순결과 절개로 혹은, 다섯 꽃잎에서의 오복(福, 祿, 壽, 喜, 財)을 상징하였고, 인동초는 끈기와 장수를, 석류는 복숭아와 감귤과에 속하는 불수감과 함께 삼다(三多)즉 다복(多福) 다수(多壽) 다남(多男)을 의미하며, 잉어는 과거 급제를, 물고기는 화재 예방과 수많은 알에 비유하여 다자(多子)를 의미하고, 호랑이는 병을 막고 복을 주는 벽사의 상징으로, 사슴은 우애의 상징으로, 박쥐는 행복의 상징으로, 나비는 남녀화합과 행복을 상징하고, 매미는 이슬만 먹고 산다하여 고결의 상징이었다.

이처럼 지극한 의미와 상징성이 있는 우리의 전통문양을 그냥 간과 할 것이 아니라 각각의 문양들의 생성배경과 그 가치를 다시금 되집어 보며 새로운 인식을 가져야 할 것이다.

굳이 분류하면 전통문양은 작가 개인의 주관성이 다분한 순수미술이 아니라 한 지역, 한 나라의 집단적 가치와 감정들이 응집되어 상징화 되어진 실용미술로 보아야 할 것이다. 그것을 그린 사람이나 보는 사람들의 공통적인 인식관에 뿌리를 두고 있는 것이다. 그리하여 같은 소재나 대상에서 비롯된

문양이라도 지역, 시대, 종교 등의 내 , 외부적 환경의 영향을 받아 표현상의 차이가 많다.

하나의 예로 아라베스크(Arabesque)로 불려지는 당초(인동초)문양은 아프리카대륙을 제외하고 전 세계가 애용해왔고 애용되는 문양으로 특별히 이슬람 문화권에서 그 정수를 느낄 수 있는데 이는 이슬람권에서는 사물의 구체적이고 사실적인 묘사가 금지되어 있으므로 문양의 조형미가 그 어느 곳보다 빼어남을 엿볼 수 있다.

모든 문화에서 발생되는 동일한 현상이지만 전통문양도 예외가 아니라서 외부문화의 유입이나 충격으로 변형되거나 혹은, 외부 문양이 우리의 것으로 용해되어 토착화되기도 하고 반면, 우리의 것이 외부의 것에 흡수되어 버리거나 소멸되기도 하는 것이다.

우리문화의 특성을 비교할 때 중국문화는 웅장함을, 일본문화는 인위적임을 지적하면서 편안함과 적당한 여유를 꼽는다. 이제는 우리의 전통 문양을 후손들의 안목과 감각과 재능으로 재 창조해 나아가야 할 때라고 본다. 수백, 수십년 전의 문양을 그대로 사실적으로 원용하기 보다는 시대에 맞는 모던(modern)한 우리의 전통문양을 만들어 내어야 하겠다.

motif, pattern, ornament 등으로 유럽에서는 문양을 분류하고 인류학적으로 접근하고, 생성한 동기, 환경 등을 종합적으로 연구, 분석하여 패션, 인테리어 등 다양한 분야에 접목시키고 있다.

우리들도 문양을 재창조, 재구성하기 위한 지속적인 연구가 요구 되며, 이것은 균형, 율동, 조화, 대비, 비례, 통일, 반복 등의 고전적 미술의 원리를 비롯하여 새로운 컴퓨터의 디지털 디자인의 기법이 도입되어야 한다.

자르기(crop), 투박성 강조(crude), 적절한 파손(damage), 기형화(deform), 낙서하듯 그리기(doodle), 모자이크식 배치(tessellate) 등의 새로운 기법을 비롯하여 photoshop이나 paintshop 등이 병용되어질 필요가 있다.

글로벌 시대에 걸맞게 고부가 가치의 창출을 위한

우리의 전통 문화 재창조에 대한 사명감을 가지고 부단한 노력을 해야 하겠다.

문양의 예

문양의 예에는 귀갑문, 국화문, 나비문, 매화문, 모란문, 박쥐문, 봉황문, 석류문, 연화문, 십장생문등이 있다.

* 귀갑문(龜甲紋)에는 장수(長壽), 십장생(十長生), 사령(四靈), 수호신(守護神)의 의미가 담겨있고, 국화문에는 귀족적 취향, 고결(高潔), 상(高尙)이 나비문에는 길상(吉祥), 여성적인 유연성이 담겨있다.

* 매화문(梅花紋)에는 미덕, 정절, 고결의 의미가 있고, 모란문(牡丹紋)에는 부귀, 성실, 백화의 왕이라는 의미가 있고, 박쥐문에는 장수(백색-500년, 은색-1000년), 복, 다남(多男)의 의미가 있다.

* 봉황문(鳳凰紋)은 상서로움, 사령(四靈), 부부애(夫婦愛), 신조(神鳥), 이상적인 서조(瑞鳥)의 의미가 있다.

* 석류문(石榴紋)에는 다남(多男), 자손수호(子孫守護)의 의미가 있고, 문(壽福紋)은 만복(万福)을 누리고 귀하게 살며, 다남(多男)하고 장수를 기원하며, 어문(魚紋)은 리어(鯉魚), 장수, 다남(多男), 신통력(神通力)의 의미가 있다.

* 연화문(蓮花紋)은 건강, 장수, 불사(不死), 행복(幸福), 불화(佛花), 성불(成佛), 우주만물의 창조, 광명의 꽃, 생명의 꽃의 의미가 있다.

* 용문(龍紋)은 영수(靈獸)의 대표적 상상동물, 제왕의 권위(權威), 길조(吉兆), 신비성, 신적 존재, 천지(天地)를 자유롭게 조작한다는 의미가 있다.

* 운문(雲紋)은 위엄(威嚴), 신비성, 속세를 벗어난 풍류성의 의미를 가지고 있으며, 칠보문은 길상(吉祥)의 의미를 가지고 있다.

* 십장생문은 각각에 다른 의미가 있는데, 日(해)은 세상을 밝게 비추어 주며, 山(산)은 불변(不變)하며, 雲(구름)은 속세를 벗어나 풍류적이며, 水(물)는 깨끗하며, 松(소나무)은 굳은 절개, 竹(대나무)은 축수(祝壽), 鶴(학)은 높은 기상, 鹿(사슴)은 선(善)과 평화를 상징, 龜(거북)는 수호와 복을 상징, 不老草(불로초)는 長生不老를 의미한다.

다시 말하면 전통문양은 우리 민족의 집단적 가치 감정이 통념에 의해 고정되고 표상된 제2의 자연 또는 상징적 시호에 의해 표현된 미술이라고 할 수 있다. 또한 감상의 대상으로만 존재하는 것이 아니라 인간의 욕망과 기원을 담은 주술적 대상으로 또는 그런 정서를 표현하고 전달하는 매개체 구실을 하고 있는 상징적 조형물이라고 볼 수 있다.

전통 혼례에서 현대 혼인까지...혼례의 시작
전통 혼례 포장

검정(黑)색, 흰(白)색, 빨강(紅)색, 노랑(黃)색, 파랑(靑)색, 오방색을 바탕으로 한 우리 색에는 자연의 섭리가 담겨져 있다. 그래서 언뜻 보기에는 강렬하고 화려한 듯하지만, 오래보면 은은하고 소박한 것이 정감이 간다.

특히나 우리의 색은 사계절의 변화가 분명한 만큼 색상의 구별도 뚜렷하다. 더욱이 순하고 밝으며 산뜻하다는 느낌이 많아 그 색 그대로 혼례 용품에 사용되고 색이 있는 곳에 의미를 더하여 더욱 화려하고 뜻있게 사용했다.

화려한 색상에 때론 촘촘히 바느질을 하여 다양하고 고급스런 수를 놓기도 하며, 멋스러운 보자기를 만들어 물건을 싸고, 운반하는데 멋을 내기도 했다. 예를 갖추는 함 포장에 필요한 물건들을 정성스럽게 싸는 방법에 대하여 소개하였다.

예단 포장

우리 민족의 혼례풍속(婚禮風俗)에서 예물을 여가(女家)에서 드리는 풍습은 매우 오래
된 것으로서 이 풍습은 남녀가 혼인할 것을 물증으로 약속하는 데에서 유래된다.
오래된 기록으로는 아끼던 물품을 가지고 혼인을 약속하는 풍습이 나타나 있다.
호화스럽고 사치스러운 예물이 아니라 단순하고 간단한 증표의 교환이 예물인 것이다.

혼인(婚姻)이란 결합하는 예로서 사람이 살아가면서 가장 큰 대사라 해도 과언이 아닐 것이다.
혼인이라 하면 혼(婚)은 '장가를 든다' 는 뜻이고, 인(姻)은 '시집을 간다' 는 의미가 된다.
장가든다는 혼은 저녁 때 여인을 맞이하는 뜻으로 풀이하고,
시집을 간다는 것은 여자의 집에서 신랑감을 구할 때는 반드시 중매하는 부인에 의해 했으므로
여자가 매씨로 인해 남자를 만나 시집을 가는 것이라고 고례에 전해 내려오고 있다.

예단은 본래 신부가 시댁에 드리는 비단을 뜻하는 것이었다.
옛날에는 비단이 귀하였기 때문에 가장 귀한 비단을 신부가 시집가는 집안에 선물로
드려 예를 표했던 것이다. 전통적으로 신랑 집에서 신부 집으로 비단을 보내면
신부가 직접 시아버지, 시어머니의 옷을 곱게 바느질한 뒤 잘 싸서 돌려보내고
신랑 집에서는 수공비를 돈으로 해서 신부에게 보냈다고 한다.

사주는 혼인을 정하고 신랑 집에서 신부 집으로 신랑이 출생한 연(年), 월(月), 일(日), 시(時)의 사주를 적어서 보내는 간지(簡紙)를 말한다. 곧 천간(天干)과 지지(地支)로 나타낸 것이 사주(四柱)이다. 단자(單子)라는 말은 어떤 물건을 누구에게 보낼 때 보내는 물건의 내용을 적은 적바림이다. 신랑 집에서 신부 집으로 사주단자가 가면 신부 집에서는 혼약이 성립된 것으로 여기었고, 그 단자가 증표가 되었다. 사주단자를 받은 신부 집에서는 신랑 집의 사정을 고려하면서 알맞고 좋은 날, 곧 길일(吉日)을 가리어 혼인 날짜를 잡는데, 이것을 연길(涓吉) 또는 택일(擇日)이라 하며, 이 날짜를 신랑 집에 통고하는 서신을 보낸다. 근래에 사주함은 함과 함께 보낼 수 있으나 약혼식이 있을 경우에는 양가에서 사주함과 예물함을 교환하게 된다.

함포장

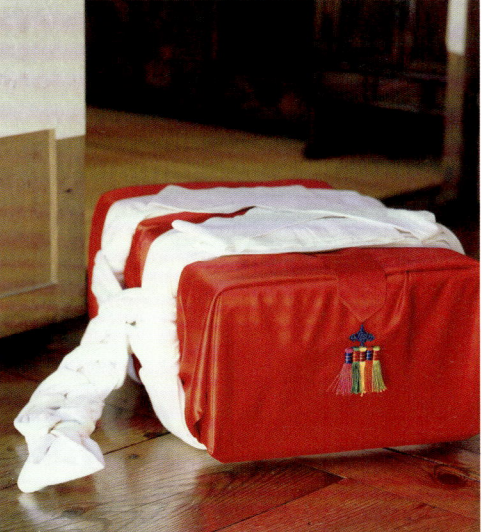

함은 신랑의 집에서 혼수와 혼서 및 물목을 넣은 혼수함을 보내는 것을 말한다.
우리 조상들은 '함'은 본래 남에게 함부로 맡기지 않고 신랑의 어머니나 친척 중에
덕망이 높은 분이 각별한 부부애를 기원하는 마음으로 정성을 다하여 포장하였다.

준비물

청혼서, 허혼서, 사주, 연길 서식,
보자기

싸는 방법

01 사주는 싸릿대를 끼워 홍실을 위에
　　서 아래로 내린다.
02 홍실을 싸릿대에 감아서 빼낸다.
03 청실은 아래에서 위로 감아서 빼
　　낸다.
04 홍, 청실을 엮은 사주를 사주보
　　에 상단이 왼쪽으로 가게 둔다.
05, 06
　　보자기를 접어준다.
07 접은 보자기를 한 번 더 접어
　　오른쪽을 가지런히 접는다.
08 뒤로 한 번 접어준다.
09 왼쪽을 옆으로 접는다.
10 알맞게 끝까지 접어준다.

11 끈을 여유있게 잡아 당긴다.
12 모서리 장식의 통로로 끈을 뺀다.
13 통로로 뺀 끈을 적당히 잡아당겨
　　중심을 잡는다.
14 청색끈의 중심에서 삼각형으로
　　접는다.
15 청색끈의 폭에 맞추어 다시접어
　　삼각형을 덮는다.
16 청색끈의 아래로 빼내어 한번 감
　　는다.
17 고가 왼쪽으로 오도록 한다.
18 19 완성된 모습
* 청혼서, 허혼서, 연길도 위와 같
　　은 방법으로 싼다.

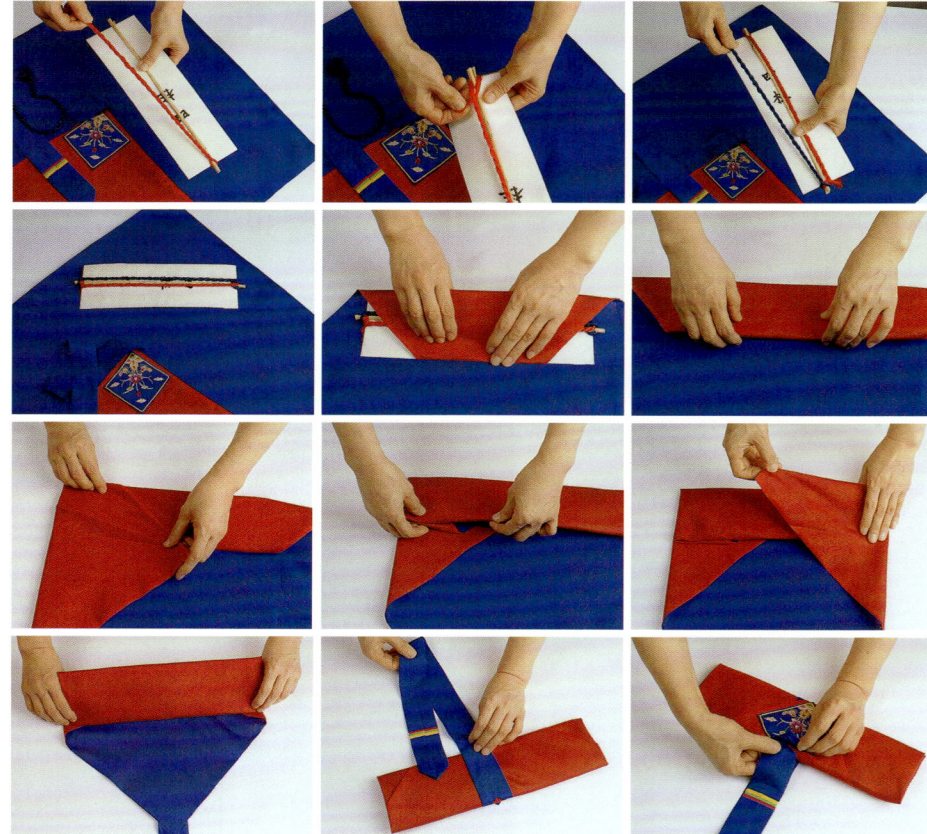

01	02	03
04	05	06
07	08	09
10	11	12

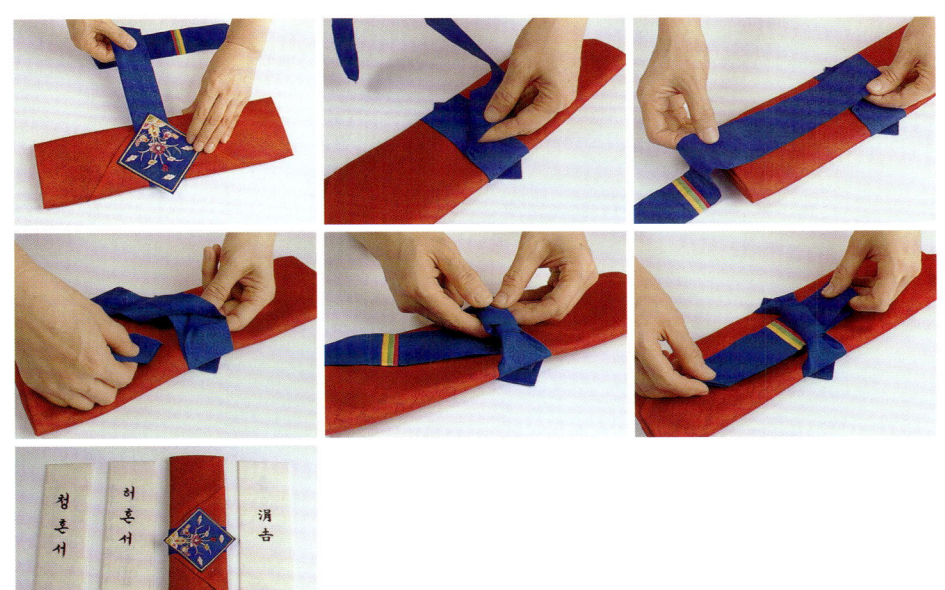

13	14	15
16	17	18
19		

사주함 싸는 법

준비물

사주함, 보자기, 분홍 한지, 싸리가지

싸는 방법

01 분홍저고리 한감이나 한 벌을 옆을 틔워 간지로 싸서 넣는다.
02 윗단에 사주와 약혼 반지를 넣은 주머니를 싸릿대로 고정시킨다.
03 사주함 보를 펴고 한 끝이 덮히도록 중심을 잡아 놓는다.
04 오른쪽을 보자기식 포장법으로 접어 올린다.
05 왼쪽도 같은 방법으로 접어올려 단정히 귀를 맞추어 정돈한다.
06 끈있는 쪽을 접어 올려 바짝 당겨준다.
07 끈의 중심부분에서 삼각으로 접어 방향을 바꾸어 돌려 고정시

켜 감는다.
08 고가 왼쪽으로 오도록 정리한다.

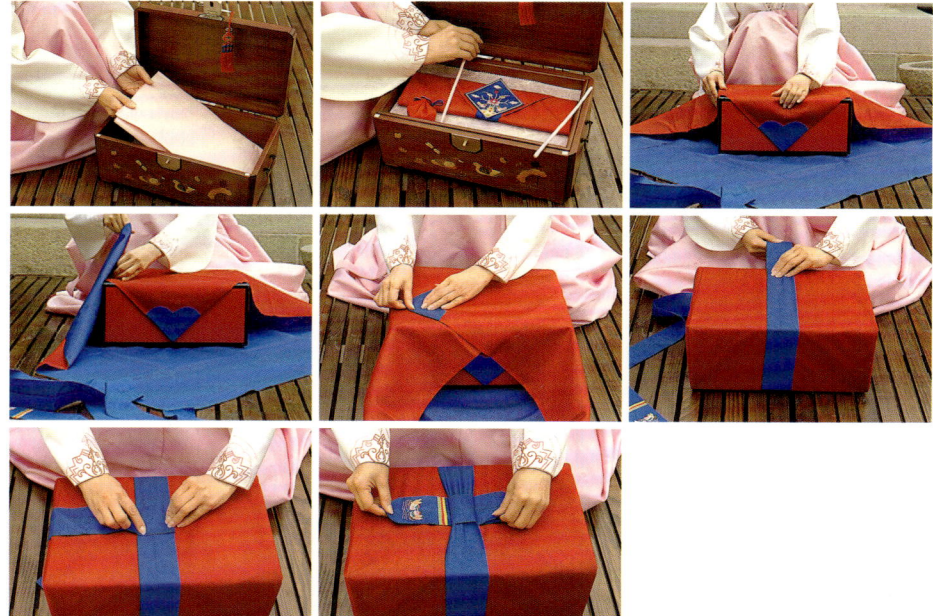

01	02	03
04	05	06
07	08	

싸는 방법

01 혼서지와 보자기를 준비한다.

02 혼서지의 내용을 잘 적은 다음 양 끝의 바깥쪽에서 안쪽으로 접는다.

03 중심에서 만나도록 접어간다. 오른쪽이 위로 오게 접는다.

04 오른쪽을 마지막으로 접는다.

05 상단이 왼쪽으로 되도록 놓고 보자기에 싼다.

06 오른쪽 끝을 접어 올린다.

07 오른쪽을 가지런히 접어준다.

08 왼쪽을 옆으로 접어올려 가지런히 접는다.

09 양끝이 벌어지거나 흐트러지지 않 도록 돌려 감아준다.

10, 11, 12
다 접은 보자기 위에 근봉을 천, 지, 인의 뜻으로 3개를 준비하여 끼운다.

준비물

혼서지, 보자기, 한지

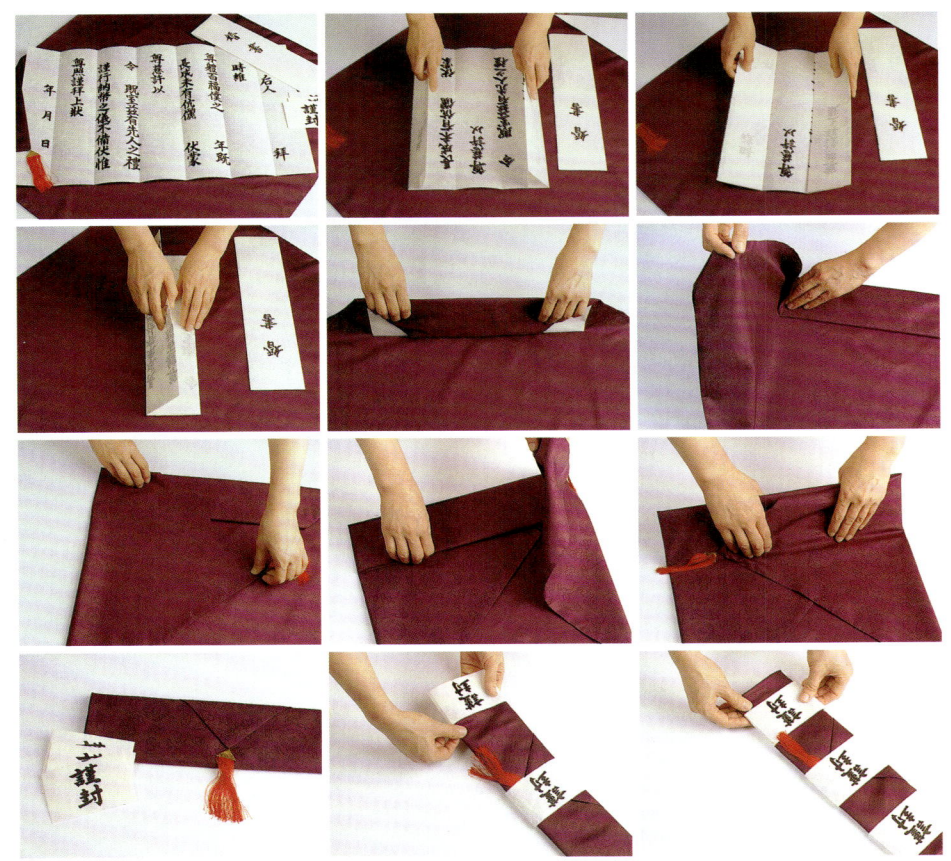

01	02	03
04	05	06
07	08	09
10	11	12

싸는 방법

01 치마를 함의 가로 길이에 맞춘다.

02 치마를 01의 폭대로 접는다.

03 허리끈을 가지런히 해서 접어 둔다.

04 저고리 고름을 가지런히 하여 길게 접는다.

05 저고리 소매를 오른쪽, 왼쪽을 접는다.

06 저고리를 좁게 접어둔다.

07 저고리는 치마속으로 넣는다.

08 저고리가 안보이게 함의 폭에 맞게 접는다.

09 간지를 치마폭에 맞추어 양쪽을 접는다.

10 치마를 간지로 싸준다.

11 접은쪽이 내앞으로 오게 접는다.

12 완성된 모습

* 붉은 실을 꿴 바늘로 접은 저고리 옷고름에 上, 치마 허리끈을 여며서 下, 치마 아랫자락 끝에도 下로 수를 놓아 표시한 후 깨끗이 접는다.

준비물

함, 치마, 저고리, 붉은 실, 바늘, 한지

01	02	03
04	05	06
07	08	09
10	11	12

매는 방법

01 홍색 채단은 청색간지로 청색 채단은 홍색 간지로 함 크기에 맞추어 한복과 간지를 접는다.
02 마무리 선이 본인 앞쪽으로 오게 접는다.
03 동심결할 타래실을 한쪽 방향으로 살짝 꼬아 준다.
04 가로로 길게 ∞(팔자) 모양으로 놓는다.
05 채단을 타래실 위에 놓아 잡아 준다.
06 양손을 본인 앞쪽으로 한바퀴 돌리면서 실 위에 놓는다.
07 실위에 양쪽에 원이 하나씩 생

기면서 원 안에 일자가 있게 한다.
08 일자를 서로 바꿔놓아 원이 두개 생기게 한다.
09 밖의 원을 중앙의 11자 위에 놓으면서 중간원을 양쪽에서 당긴다.
10 중간원을 양쪽의 아래쪽 부분에서 당겨주면 된다.

* 채단 싸는 법은 P54을 참조

준비물

홍단, 채단, 청홍색 한지, 실크 청·홍 타래실

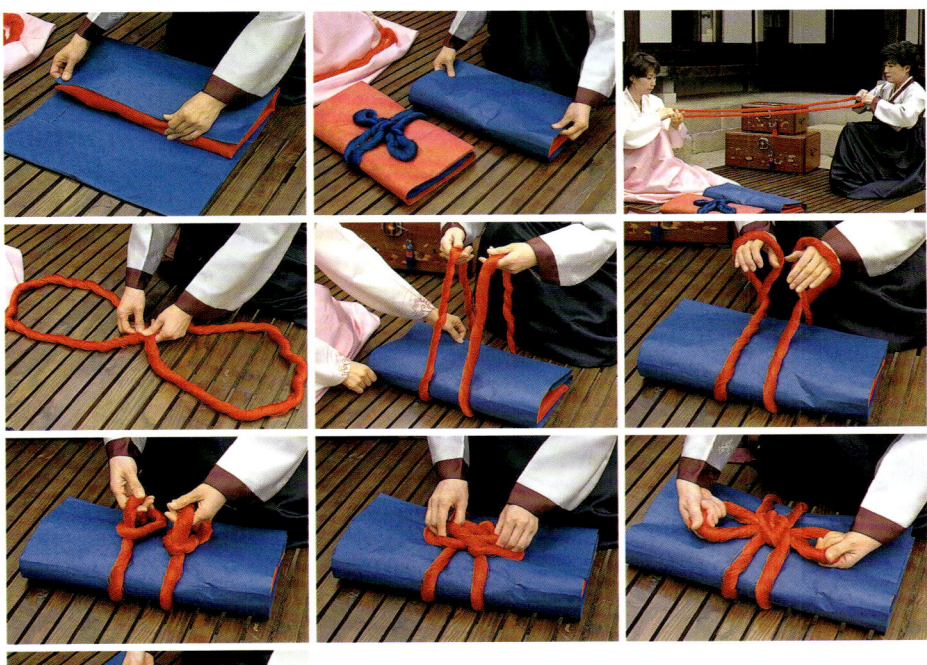

01	02	03
04	05	06
07	08	09
10		

매는 방법

01, 02, 03, 04, 05
   동심결 매는 방법 I 의 방법과 같
   음
06 중앙의 11자의 1자를 중간원과 바
   깥원 사이에 넣는다.
07 06과 같은 방법으로 반대쪽을
   한다.
08 양쪽의 윗부분을 잡아당겨 준다.
09 중앙에 한지를 끼워 이음선에 근
   봉이라 쓴다.

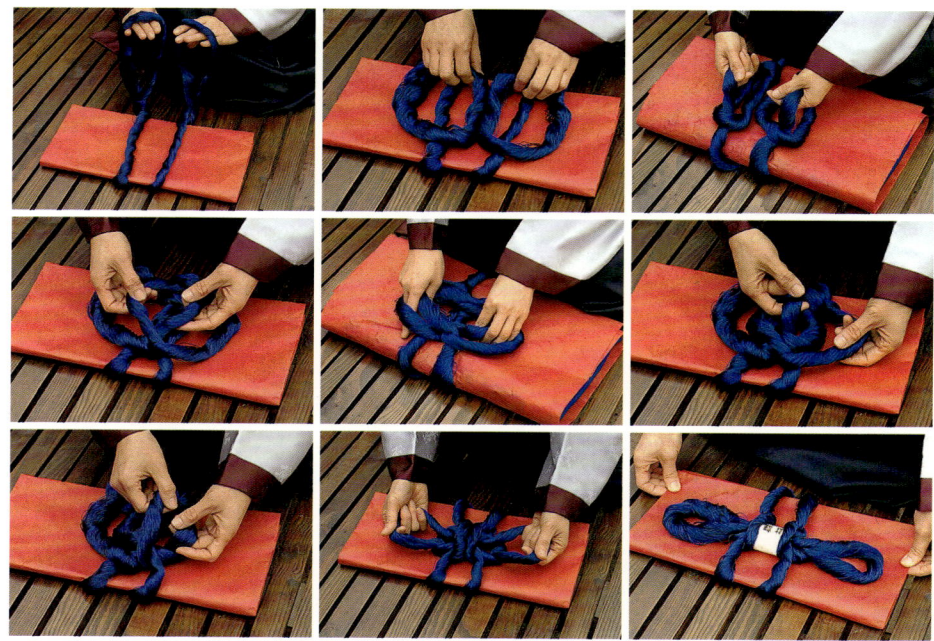

01	02	03
04	05	06
07	08	09

넣는 방법

01 함에 들어갈 주머니 안에 내용물을 준비하고 주머니 색깔에 따라 사진과 같이 주머니를 배치한다.
02 주머니 안에 넣는 내용물은 홀수가 되도록 한다.
03 함 밑바닥에 분홍간지를 접어서 깔고 주머니를 고정한다.
04 청단을 먼저 넣는다.
05 홍단을 넣는다.
06 분홍 간지로 덮어준다.
07 윗단을 놓아준다.

준비물

함, 오색주머니, 팥, 찹쌀, 노랑콩, 목화, 향, 분홍한지, 청단, 홍단, 청실, 홍실

  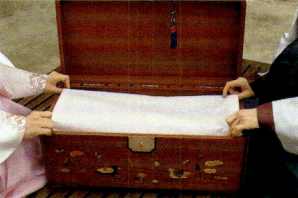

01	02	03
04	05	06
07		

준비물

함, 함끈, 소창지

싸는 방법

01 혼서지를 넣고 쌍가락지를 넣은 빨강주머니를 싸릿대에 끼워 움직이지 않도록 고정시킨다.

02 함을 함보자기에 쌀 수 있도록 중심을 잡아 위치를 맞춘다.

03 양쪽을 보자기식 포장으로 모아준다.

04 보자기의 양끝은 단단히 잡아당겨 한지 띠를 만들어 묶어 고정한다.

05 한지 3개를 연결해서 고정시킨다.

06 이음선이 앞쪽으로 오도록 마무리 한 다음 '謹封'을 써준다.

07 근봉을 쓴 묶음을 뒷쪽으로 눕혀준다.

08 끈있는 나머지 부분을 덮어 싼 다음 긴끈을 감아 코가 나오게 마무리 한다.

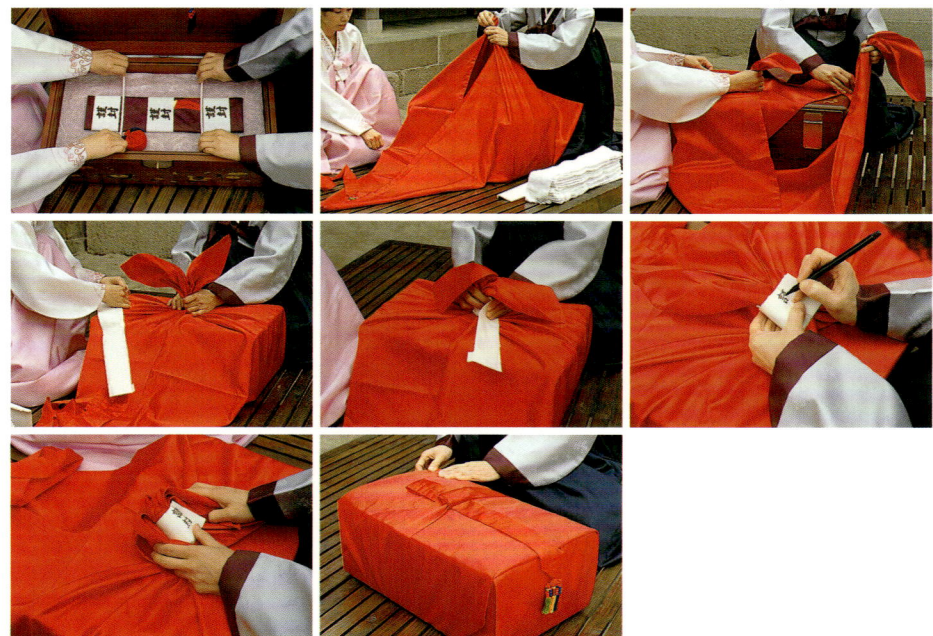

01	02	03
04	05	06
07	08	

함 끈 매기

함 끈 매는 방법

01 한필의 소창을 네번 맞접어 개어
   둔 끈을 3m 정도로 마부끈을 남
   기고 끈 매기를 시작한다.

02 너무 당기지 않게 한쪽을 6~7 바
   퀴를 꼬이지 않게 돌려준다.

03 함진아비의 체형에 따라 50~55cm
   정도 어깨 길이로 남겨두고 반대쪽
   으로 넘어간다.

04 02와 같은 방법으로 7~8번 돌
   려준다.

05 3번의 어깨 걸이 길이와 맞게
   두고 02번과 같이 돌려준다.

06 넘어가 시작한 쪽에 한번 더 감
   아준다.

07 뒤쪽으로 넘어가서 삼각모양으
   로 접어준다.

08 접은 상태에서 뒤로 빼낸다.

09 한번 더 감아서 반대쪽 뒤로 빼
   낸다.

10 위쪽으로 감아서 빼낸다.

11 아래쪽으로 감아서 빼준다.

12 왼쪽편으로 끼워서 끈 뒤로 오른
   쪽으로 빼낸다.

13 나머지 끈을 등받이 폭보다 넓게
   잡아 지그재그로 접어준다.

14 양쪽 끈 뒤로 끼워준다.

15 마부끈 쪽은 등받이 쪽과 같은 방
   법으로 묶는다.

16 끈사이로 빼 내어준다.

17 중간쯤에 끈을 빼 올린다.

18 한번더 감아 빼준다.

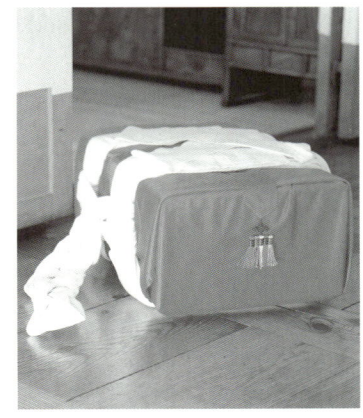

준비물

함 끈 (소창 한필), 함 보자기

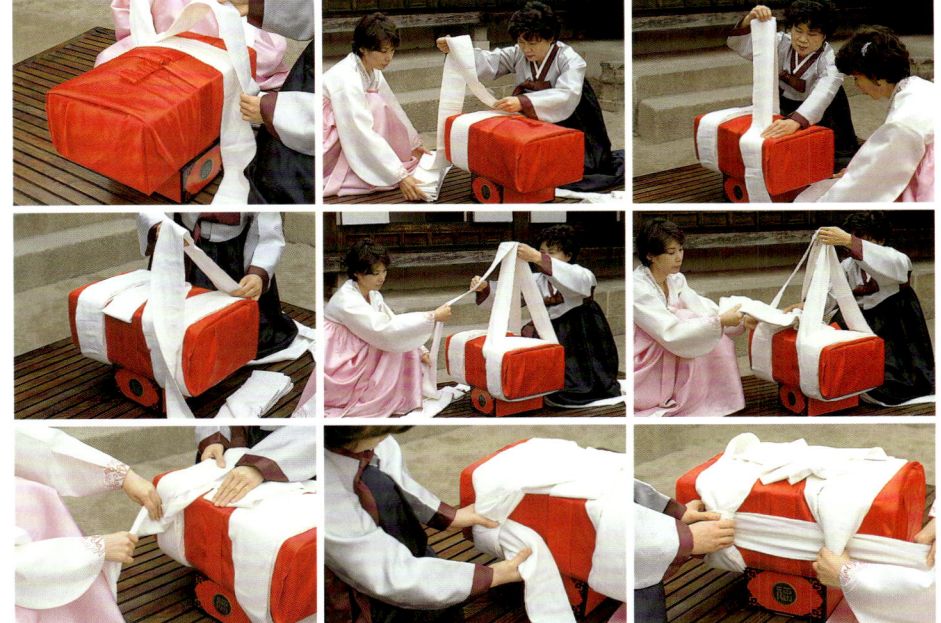

01	02	03
04	05	06
07	08	09

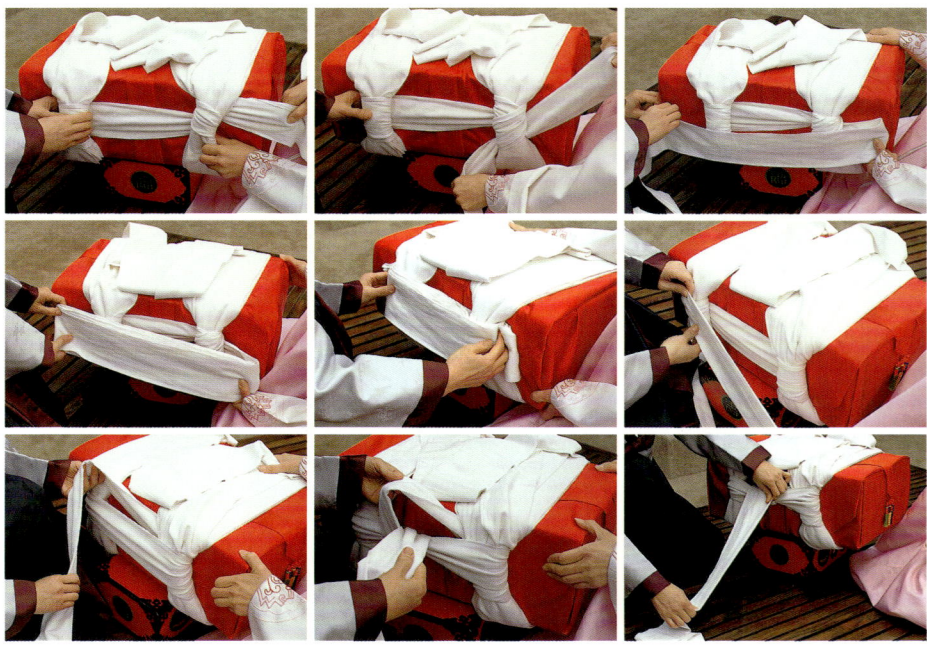

10	11	12
13	14	15
16	17	18

함을 정성스럽게 싼다는 것은
혼인을 경건하고
검소하게 준비하는
신성한 뜻이 있습니다.

한국인성교육원 김시삼 회장이 말하는

전통혼례에서 만이 갖는 멋스러움

바쁜 일정에도 불구하고 늘 여유있는 듯한 느긋함이 배어있는 김시삼 회장. 그녀를 더욱 건강하고 즐겁게 하는 것은 가정 생활에서 오는 작은 배려를 통해 큰 행복과 안정을 여러 사람들에게 전할 수 있기 때문이다. 전통 혼례의 절차와 문화를 전파하는 일을 한지도 벌써 여러 해. 이제는 조금은 낯설고 구식인 것으로 전락해 버린 문화를 다시 들춰내고 더 많은 의미들을 되살리기에 뜻을 품고 묵묵히 그 길을 간다는 것은 나름대로 의 애정과 뜻이 아니라면 힘들지 않을 까 하는 생각을 하본다.

" 경건하고 검소하게 준비되어야 한다는 신성한 뜻이 담긴 함의 의미를 일깨우려 합니다. 동시에 혼인을 앞두고 어찌할지 막막한 분들에게 도움이 되고 싶었고요. 어떻게 하면 상대방에게 정성스럽고 예절에 어긋나지 않으면서 안목과 가풍이 돋보이게 할까 고민하게 되는 혼례를 좀더 뜻있게 만들어 주고 싶다는 것이 저의 생각이고 그것이 곳 우리의 혼례문화가 전승 되어야하는 뜻이기도 하지요."

우리 사회가 생활 문화에서 급격한 변화를 겪으면서 혼례문화가 점차 서구화되어 가고 있는 현실 속에서 물질 만능 주의에 휩쓸려 혼인에 대한 의의와 우리의 전통 양식을 외면한 채 지나치게 안일한 방법인 현금이 오가기도 하는 것이 사실이다. 그러다 보니 본래의 모습이 왜곡되어 원래 지녔든 의미가 상실되고 당연히 신성시 되어져야 하는 혼례에서 세심한 배려들은 사라지는 것이 요즘 흔한 일이다.

" 혼인의 가족적 결합을 강조하는 사회에서는 두 개인의 의사 보다는 가족의 의사가 많은 부분 반영되고 혼인한 뒤에도 공동가계의 한 부분을 이루어 나가게 됩니다. 또한 의례 그 자체를 중요시하며 격식을 따르는 것이 원만한 혼인의 지름길이기도 합니다. 그러므로 건전한 혼례문화 정착에 전통문화의 계승이 잘 이루어지기 위해서는 현실에 맞게 우리의 정서가 가득 담긴 전통적 예술 감각까지 전통 포장 방법을 보급할 수 있었으면 합니다." 요즘 젊은이 들이 혼인에 대해 진지하게 생각하지 않고 결혼 생활을 시작하는 것에 대해서 김시삼 회장은 안타까워한다. 마음이 준비된 상태에서 서로를 맞아들여도 어려운 대사인데 그저 남 하는 대로 따라가기 보다는 혼인을 위한 수많은 형식을 갖추지 못하더라도 마음가짐만이라도 우리 것의 혼례 의식의 취지에서 벗어나지 않기를 바란다고 한다.

마음속의 정성그대로 담아 전하는
예단 포장

결혼의 풍습에서 예단은 시대의 흐름에 따라 그 모양과 방식들이 많이 변한 것이
사실이다. 그러나 시대와 사회에 따라 다르다 하더라도 그것이 뜻하는바 본질은
크게 달라진 것이 없다. 매듭하나, 솔기 하나가 다 이유가 있고, 색깔과 모양은 물
론 그 차림에도 순서가 있는 것이 우리 예단의 포장일 것이다.
양가의 뜻을 전하고, 그 뜻을 서로 표현함으로서 복을 전하듯 정성스럽게 보낼 수
있는 예단 포장법을 소개하였다. 마음속의 기쁨과 느낌을 표현하듯 정성스럽게 보
낼 수 있는 예단들을 좀더 색다른 방법으로 포장해 보자.

예단이라고 하면 신부가 그 집안의 며느리로 들어가면서 시댁 식구들에게 인사로 드리는 선물을 통털어 말한다. 시대가 변하면서 예단의 의미가 많이 변해 이제 신부들이 가장 신경을 써야 하는 고민거리가 되었다. 신부가 시댁 식구들에게 처음 정식으로 인사드리는 것이기 때문에 그만큼 부담스러울 수밖에 없는 것이다. 그리고 예단을 누구에게까지 해야 할지 무엇을 해야 할지도 조심스럽고 민감한 문제일 수밖에 없다.

예단을 어떻게 해야하는 지에 대해서도 역시 정확한 답이 없다. 먼저 시어머니 될 분과
충분히 상의하는 것이 가장 중요하며 요즈음의 일반적인 경향과
당사자들의 형편을 고려하여 준비하는 것이 좋다.
그리고 예단을 드릴 때의 형식과 예절도 반드시 지키도록 한다.

한지염색 포장 Ⅱ

혼수를 준비하는 과정에서 일반적으로 사람들이 가장 먼저 떠올리는 것은 예단의 문제이다.
혼례에 들어가는 비용을 되도록 절약하는 요즈음에도
예단을 반드시 준비해야 한다는 사람이 많은 것으로 보아
예단을 생략하는 일이 어려운 것이 사실이다.

그러나 예단을 하지 않아도 될 만한 충분한 이유가 있고
시부모의 의향이 확고하다면 생략한다고 해서 흉될 것은 없다.

한지 문양 포장

얇고 가는 선들로 구성된 문양을 붙일 때 정확한 위치를 선정하는게 중요하다.
풀을 칠한 한지는 힘을 받지 못하기 때문에 잘 붙인다 해도
모양이 비틀어지는 경우가 있다.
그럴 때는 바탕색으로 포장된 한지 색에 문양을 붙여 테두리만 오려서 붙이는 방법으로 해보자.
낱장 붙일때보다 붙이기가 훨씬 수월하다.
풀에 의한 기포가 생기지 않도록 고루 펴주는 것도 중요하다.

리본끼우기 포장

요즈음 예단은 식을 올리기 한달 전쯤 보낸다. 또한 시댁에서 원하는 시기에 보내는 것이 가장 무난하기도 하다.
현금으로 보낼 경우는 대게 백지나 한지로 속지와 봉투를 만들고 속지 위에는
예단을 표시하고 물건대신 현금으로 하기 때문에
물목(物目)을 쓰고 금액, 일시, 보내는 이 이름을 써 그 안에 현금을 넣고 봉투에 넣는다.

봉투 앞면에는 예단이라 쓰고 이 봉투를 다시 청홍 보자기에 싼다.
(보자기가 없을 경우에는 청색이나 홍색의 한지를 이용한다.)
신부가 예단을 들고 오면 상 위에 예탁 보를 깔고 예탁보 위에 받쳐서 받는다.
예단을 받은 시댁은 신부측에 잘 받았다고 인사를 하는 것이 예의다.

배색 보자기 포장

전통혼례에서 예단의 범위는 신랑의 직계 사촌에서 팔촌까지이며 결혼식 때 폐백을 받는 친척들의 범위와
도 일치한다. 그러나 요즈음은 친척의 개념과 범위가 많이 달라졌다. 시댁에서 가깝게 지내는 친지들이라면
촌수나 친가, 외가를 따지지 않고 가까움의 정도에 따라 예단을 준비하면 된다.
예단의 품목도 예전과 달라 물건 대신 현금이나 상품권을 주는 것이 일반화되고 있다. 예단을 현금으로만
보내는 것이 너무 예의에 어긋난다고 생각되면 받는 이에 따라 현금과 현물을 섞어서 할 수도 있다.

예단을 무엇으로 하는가에 못지않게 중요한 문제가 예단을 언제 어떤 방식으로 보내는가
하는 것이다.
식사 시간을 피해서 신부의 오빠나 남동생이 정성스럽게 마련한 예단을 함께 모아서 가져
다 드리도록 한다.

모시 편탁 보자기 포장

예단을 현물로 보낼 때에는 따로따로 보내지 말고 예단을 품목별로 하나하나 정성스럽게
포장한 뒤 보자기에 싸거나 큰 가방에 넣어 들고 가되 역시 깨끗한 백지나 한지에
물목을 적어 겉봉에 예단이라고 쓴 봉투에 넣어 전한다.

예단을 받는 시댁에서는 작은 탁자에 붉은 예탁보를 준비한 뒤 신부가 예단을 가져오면
탁자 위에 예탁보를 깔고 그 위에 예단을 올려 받는다.

원통형의 보자기 포장

전통 포장에서도 보자기의 쓰임이 다양하지만 보자기는 물건을 싸 두면
복을 불러온다고 전해져 혼례용품 중 예단을 포장 하는데는
그 뜻부터가 의미 있다 할 수 있다.

숙고사 보자기 포장

우리의 전통 보자기는 없어서는 않 될 생활 소품이면서 한 폭의 그림과 같은 옛 보자기에는
작은 일용품에도 가족을 생각하는 마음, 복을 기원하는 마음 등 만든 사람의
따뜻한 정감과 마음 씀씀이가 배어있다.

현대 생활에서도 이러한 장점을 살릴 수 있는 새로운 포장의 자재로
이용할 수 있도록 연구 개발하여야 한다고 여겨진다.

실크 보자기 포장

보자기는 필요할 때 최대의 용적으로 쓰다가 사용하지 않을 때는 작게 접어두면 자리를 차지하지 않는 가재도구로 적격이다. 끈의 수에 따라 용도가 달라지는데 한 개의 끈이 달린 것은 대개 노리개와 같이 작은 장식물을 싸둘 때, 두 개의 끈이 달린 것은 패물류, 세 개인 것은 예단이나 옷감을 싸두었다.
끈이 네 개 달린 보자기는 함이나, 밥상처럼 큰 물건을 덮어 쌀 때 주로 쓰였고 끈이 없는 것은 예물을 보낼 때 그 밑에 깔거나 덮는 구실을 하였다.

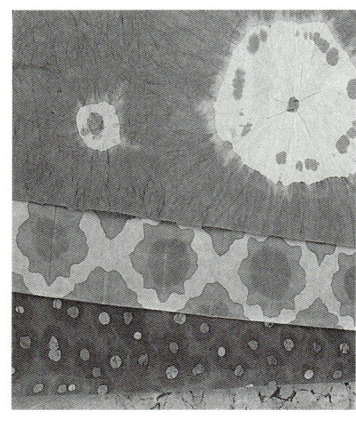

준비물

끈(고무밴드 & 실 종류), 무색 한지,
저온타입 반응성염료, 미지근한 물(염
료 중량의 20~40배)

포장하는 방법

홀치는 방법(묶기)

01 한지를 자유롭게 구겨 뭉쳐준다
음 구긴 한지를 끈이나 고무줄
을 이용하여 여러 방향으로 묶
는다.

02 원하는 색상의 반응성 염료를 미지
근한 물에 타고 염료가 물에 잘 섞
이도록 저어준다.

03 묶은 한지를 물에 희석한 염료
에 담갔다 뺀 후 반쯤 건조시키
고 실을 풀어 종이를 완전히 말
려준다. (건조시키지 않고 실을
풀었을 경우 염료가 번질 수 있
으며, 너무 오랫동안 한지를 건

조시켰을 경우에는 한지가 찢어
질 수 있다.)

04 건조된 한지는 염료가 고루 잘
묻었는지 확인한다.

05 한번 염색된 종이를 다시 자유
롭게 구겨 다시 실이나 끈으로
묶어 재 염색할 수 있도록 준비
한다.

06 다른 색의 진한 염료에 담근다.

07 반쯤 말린 다음 실을 풀어 완전
히 건조시킨다. 묶여진 부분에
주름이 잡히면서 구겨진 모양을
볼 수 있는데 그 질감을 그대로
살리거나 다림질을 살짝 해서

모양을 정리한다.

|01|02|03|
|04|05|06|
|07|

포장하는 방법

01 직사각형의 상자를 재단된 포장지 위에 놓고 상자 위를 덮은 다음 접은 포장지는 끝 선이 서로 맞도록 놓는다.

02 마주 잡은 포장지가 움직이지 않도록 한 다음 상자의 한쪽 옆면을 따라 포장지를 안쪽으로 밀어 넣는다. 이때 상자의 면에 맞추어 반듯하게 주름을 접는다.

03 위 아래로 나누어진 포장지중 위쪽 포장지로 상자의 윗면을 덮은 다

04 반으로 접어 모양을 낸다. 반대편도 같은 방법으로 접은 다음 서로 접은 포장지의 끝 부분이 상자의

중앙에서 만나도록 한다.

05 옆면의 나머지 주름을 접어 4의 포장지 위로 덮은 다음 같은 방법으로 3의 접은 선에 맞추어 접되 접은 시접이 안쪽으로 들어가도록 한다.

06, 07 반대편도 같은 방법으로 상자위로 덮어 안쪽으로 들어갈 시접량을 측정한 다음 안쪽으로 접은 다음 상자 위를 덮는다.

08 나머지 포장지는 상자의 면을 따라 양쪽으로 밀어 넣는다.

09, 10, 11

윗면 시접을 아래쪽으로 접은 음 밑부분을 위로 올려 삼각모양을 내면서 마무리한다.

준비물

사각상자, 염색 포장지, 가위, 양면 테잎, 칼, 리본

포장지 사이즈 정하기

가로 : 둘레 + 2cm
세로 : 둘레 + 폭×1/2

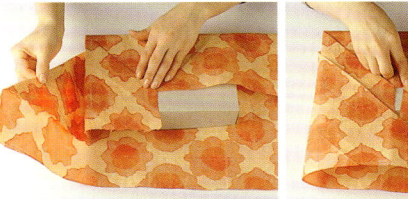

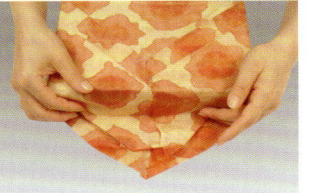
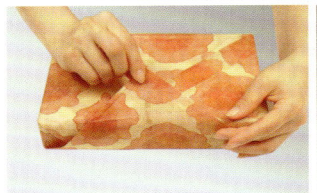

01	02	03
04	05	06
07	08	09
10	11	

포장하는 방법

01 직사각형의 상자를 재단된 포장지 위에 놓고 상자 위를 덮는다.

02 상자의 한쪽 옆면을 따라 포장지를 안쪽으로 밀어 넣는다. 이때 상자의 면에 맞추어 반듯하게 접는다.

03 위 아래로 나누어진 포장지 중 위쪽 포장지로 모서리에 직각으로 맞추어 상자의 윗면을 덮는다.

04 반대편도 같은 방법으로 접은 다음 서로 접은 포장지의 끝 부분이 상자의 중앙에서 만나도록 한다.

05 겹치는 여유분의 포장지를 중심에서 양쪽으로 눌러접어 4의

포장지 위로 덮는다.

06 바닥에 남아 있는 포장지를 같은 방법으로 당겨 위로 올린다.

07 위로 덮은 포장지는 접힌선의 모서리에 맞추어 바깥쪽으로 눌러 표시한다.

08 접힌선에 맞추어 모양이 예쁘게 안쪽으로 접어준다.

09 선이 똑바로 되도록 자리를 잡는다.

10 남은 한쪽도 같은 방법으로 하여 정돈한다.

11 아직 열려있는 부분을 양쪽으로 포장지를 밀어 넣는다.

12 아래부분을 먼저 당겨 올리고 윗부분은 시접을 접어 양면테잎으로 마무리 한다.

준비물

사각상자, 염색 포장지, 가위, 양면 테잎, 칼, 리본

포장지 사이즈 정하기

가로 : 긴쪽둘레 + 2cm

세로 : 둘레 + 2cm + 높이 or
　　　둘레 + 2cm

01	02	03
04	05	06
07	08	09
10	11	12

포장하는 방법

01 직사각형의 상자를 재단된 포장지 위에 놓고 양쪽 면의 포장지로 상자 위를 덮는다.

02 상자의 한쪽 옆면을 따라 포장지를 중심 쪽으로 모아준다. 이때 상자의 옆선에 맞추어 반듯하게 주름을 접는다.

03 한쪽의 옆선을 직각으로 당겨 윗부분을 상자의 윗면으로 올린다.

04 모서리를 잘 맞추어 정확한 모양으로 눌러준다.

05 반대편도 같은 방법으로 시행한다.

06 남은 아랫부분의 종이를 위로 당겨올려 간격을 맞춘다.

07 마지막으로 반대편의 종이도 당겨 올려 모양을 낸다.

08 제일 윗부분의 종이를 모양 좋게 안쪽으로 접어준다.

09 남아있는 한쪽 끝부분은 양면을 먼저 밀어 넣어 모서리를 맞춘다.

10 아랫부분을 먼저 눌러주고 윗부분은 시접을 접어 모서리에 맞추어 마감한다.

준비물

사각상자, 염색 포장지, 가위, 양면 테잎, 칼, 리본

포장지 사이즈 정하기

가로 : 둘레 + 폭/2 ~ 폭

세로 : (높이 + 1cm) + 상자 길이 + (높이 + 길이 2/3)

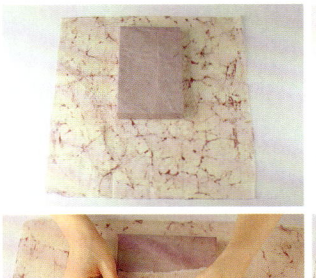

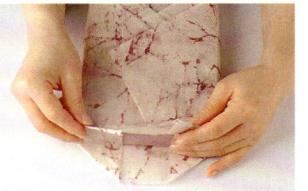
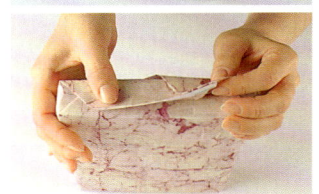

01	02	03
04	05	06
07	08	09
10		

준비물

한지 2가지 색상, 사각상자, 가위,
양면 테잎, 칼, 문양 칼, 고무판, 본드,
붓, 문양지

포장하는 방법

01 재단한 포장지 위에 상자를 올
   려놓는다.
02 위에서 봤을 때 포장지의 모양이
   마름모꼴 모양이 되도록 한다.
03 옆면을 상자 모서리의 라인과 일
   직선이 되게 접는다.
04 상자를 돌려주면서 포장지의 접
   힌 선이 상자의 모서리에 맞게
   접는다.
05 같은 방법으로 옆의 여분을 직각
   으로 올려 돌려주면서 접는다.
06 나머지 포장지는 상자의 양 옆
   모서리에 맞추어 윗면을 덮는다.
07 덮은 포장지는 양면 테잎으로 고

정한다.
08 원하는 문양의 도안을 한지 위에
   고정시키고 문양의 검은색 부분
   을 제외한 나머지 부분을 오려낸
   다.
09 풀을 이용하여 모서리 부분에 문
   양을 붙여준다.
10 중앙의 박쥐문양은 같은 크기의
   한지를 오려 준비하여 풀을 바
   른다.
11 모양이 틀어지지 않게 배접한다.
12 배접한 박쥐문양을 중앙에 붙여
   완성한다.

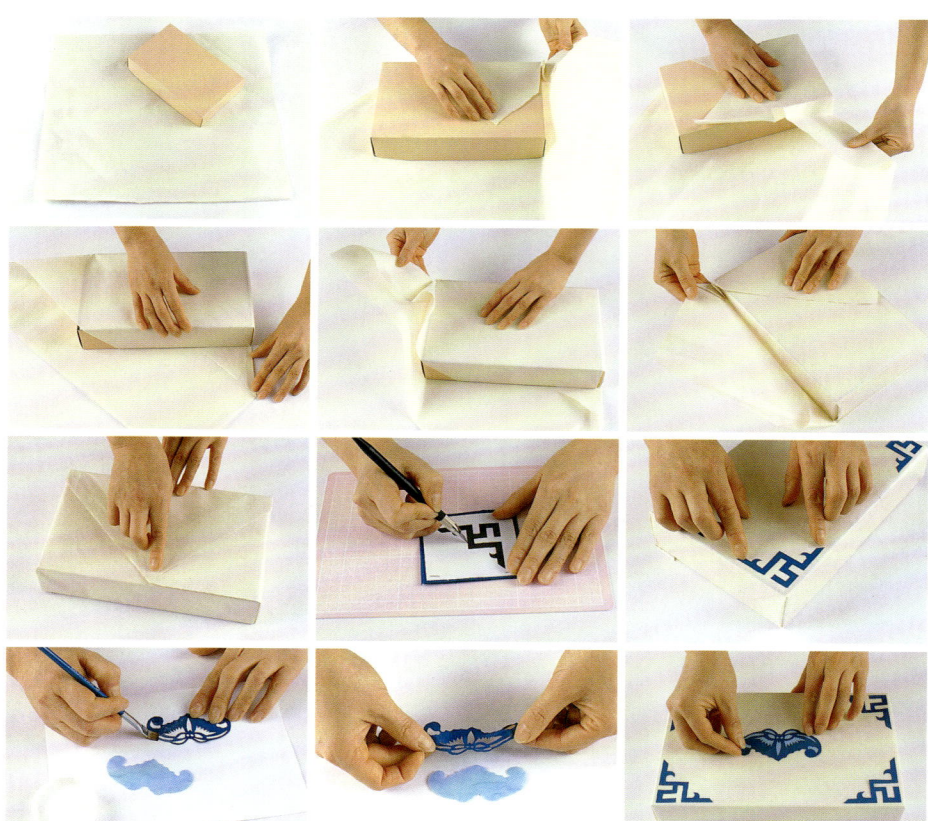

01	02	03
04	05	06
07	08	09
10	11	12

포장하는 방법

01 옅은 색의 한지를 사용할 경우 같은 포장지로 속 포장을 한 다음 밑면의 옆 모서리에서 마무리 한다.

02 재단한 포장지 위에 상자를 올려 놓는다.

03 상자의 뒷중심에서 1cm 시접을 접어넣고 양면테잎으로 고정한다.

04 양옆면 포장지는 상자의 크기에 맞추어 밑면부터 밀어넣어 준다.

05 양쪽 여분을 깨끗이 밀어 접는다. 양면 테잎으로 고정시킨다.

06 마지막 남은 부분은 1cm 시접을 접어 양면 테입으로 고정한다.

07 원하는 문양의 도안을 한지 위에 고정시키고 문양의 검은색 부분을 제외한 나머지 부분을 오려낸다.

08 포장한 상자 위에 문양을 붙일 위치를 정한다음 문양이 놓일 부분을 연필로 체크해 준다.

09 오린 문양은 풀을 붙인다.(한지를 붙일 풀은 본드, 풀, 물을 묽지 않게 섞어서 만든다.)

10 포장된 상자에 오려낸 문양을

체크한 위치에 붙여 완성한다.

준비물

한지 2가지 색상, 사각상자, 가위, 양면 테잎, 칼, 문양 칼, 고무판, 본드, 붓

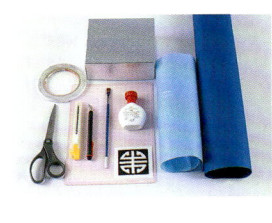

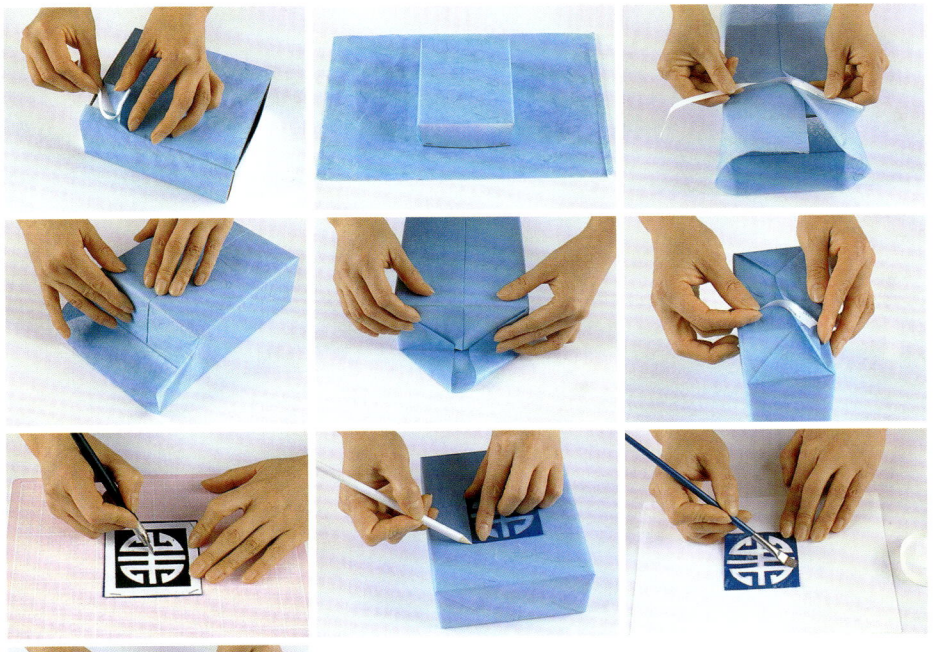

01	02	03
04	05	06
07	08	09
10		

리본끼우기 포장

준비물

포장지, 오간디 리본, 펀치, 카터, 양면 테잎, 가위

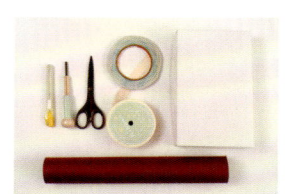

포장하는 방법

01 재단한 포장지 위에 리본의 폭 만큼 그린다.

02 리본의 폭 크기에 맞게 중심부 분에 펀치로 구멍을 낸다.

03 원하는 모양의 일부분을 위아래 로 나누어 칼집을 낸다.

04 포장지에 리본을 끼운다.

05, 06
포장지에 상자를 높고 무늬 부 분이 상자 윗부분에 놓일 수 있 도록 상자를 감싼다.

07 상자의 옆 라인에 마무리선이 오 도록 한다.

08 ,09
양 옆면을 접어 양면 테잎으로 마무리 한다.

10, 11
리본을 당겨주고 원하는 위치에 서 나비 리본으로 마무리한다.

01	02	03
04	05	06
07	08	09
10	11	

배색 보자기 포장

포장하는 방법

01 2장의 색이 다른 보자기를 어슷
　　하게 놓는다. 전체의 중심에 상
　　자를 놓고 한쪽 끝을 덮어준다.
02 반대쪽도 바짝 잡아당겨 상자를 덮
　　어준다.
03 양끝을 눌러주면서 한쪽 끝의 모서
　　리를 올려준다.
04 남은 반대쪽 끝도 모서리에 접히는
　　선을 맞추어 올린다.
05 올려진 두 끝에서 색이 다른 두개
　　를 마주 잡는다.
06 한 끝으로 고리를 만들어 준다.
07 반대쪽 끝을 넣어 당긴다.
08 남은 두 색의 끝을 잡아맨다.

09 05와 같은 방법으로 고리를 만
　　들어 준다.
10 반대 끝을 끼워 당겨준다.

준비물

2가지 색의 숙고사 보자기

01	02	03
04	05	06
07	08	09
10		

포장하는 방법

01 모서리를 맞추어 중심을 잡는다.
02 두 끝을 겹쳐 보자기의 한 끝이 장
   식 될 수 있도록 잘 맞추어 준다.
03 상자의 각에 보자기의 접히는 선을
   맞추어 위로 당겨올린다.
04 반대쪽도 같이 당겨 올려 두끝을
   교차 시킨다.
05 교차된 부분에 리본을 끼워 한번
   매어준다.
06 네 개의 고리가 되도록 왕복한다.
07 리본 끝을 돌려 또 한개의 고리를
   만들어 준다.
08 다섯 개의 고리를 만들어 보우의
   형태를 잡아준다.

09 교차된 두 끝과 3의 한 끝을 잡
   아올려 모양을 만든다.
10 세 끝이 아름다운 리본 장식의
   보자기 포장 완성

준비물

핀탁보자기, 리본

01	02	03
04	05	06
07	08	09
10		

포장하는 방법

01 보자기 중심에 상자를 놓고 두 끝
   을 잡아 교차시킨다.
02 교차된 중심을 눌러주면서 옆에
   위치한 한끝을 당겨 잡는다.
03 교차된 중심이 흔들리지 않게 한번
   맨다.
04 매어진 한끝으로 고리를 만들어
   남은 한 끝을 빼낸 다음 당겨준
   다. 이 때 배색이 보일 수 있도
   록 위치를 잡는다.
05 남아있던 교차된 한 끝과 또 다
   른 끝을 잡아 당겨 위치를 잡는
   다.
06 03, 04와 같은 방법으로 고리

를 만들어 매듭이 단정하게 되
도록 만든다.
07 배색이 확연하게 나타나도록 단
   정하게 매만져 준다.

준비물

겹 보자기

01	02	03
04	05	06
07		

포장하는 방법

01 보자기의 중심에 상자를 놓고 양 끝을 접어 중심에 맞추어 잡는다.
02 반대쪽 끝이 중심에서 만나도록 같이 접어 올린다.
03 한쪽 끝에서부터 주름을 잡아간다.
04 남은 모서리의 끝이 들어 올라올 때까지 주름을 잡는다.
05 고무 밴드로 고정시킬 수 있도록 밴드를 겹쳐 잡는다.
06 고무 밴드로 단단히 고정시킨다.
07 남아있는 두 끝을 상자의 모서리에서 깨끗이 접히도록 하여 교차시킨다.
08 한 바퀴 돌려 잡는다.
09 한 끝에 매듭장식을 끼운다.
10 고정이 되도록 단단히 매어준다.
11 주름을 자연스럽게 펼쳐주면서 모양을 낸다.

준비물

핑크 배색 주머니, 매듭 장식, 고무밴드

01	02	03
04	05	06
07	08	09
10	11	

우리의 일상속에서
잠시 잊혀졌을 뿐...
곳곳에서 다양하게 쓰이면서
한층 아름답게 복원되고 있는 것이
보자기 일 것이다.

한국선물포장디자이너협회 김명숙 이사장이 말하는
보자기 포장

보자기를 통해 우리가 얻어지는 요소는 무엇일까? 옛 것은 모두 그리움으로 남는다고 추억이란 애틋함이 남기 마련이다. 그러나 보자기는 애틋함과 추억으로만 그치는 것이 아닌 다시 현대적인 멋으로 재생되고 있는 것, 우리의 일상 속에서 잠시 잊혀졌을 뿐 곳곳에서 다양하게 쓰이면서 한층 아름답게 복원되고 있는 것이 보자기일게다.

김명숙 이사장을 통해 만나는 보자기는 또 다른 느낌이 있다. 종이로 보자기를 멋스럽게 만들고, 화려한 색상의 한지로 조각보와 오방색의 복 주머니까지... 불편하고 조금은 촌스럽다는 이유로 저만큼 밀려있던 보자기의 아련한 그리움이 그녀의 손을 통해 현대적 감각의 세련된 모양으로 변화되어 조금은 넉넉하면서도 소박한 멋을 지닌 포장 방법으로 재생되고 있는 것이다.

현재 (사)한국포장디자이너협회에서는 서양의 화려한 장식이 돋보이는 포장법에서 벗어나 좀더 우리 것을 찾는 의미에서 문양을 이용한 한지 포장법이나 우리의 아름다운 색채가 가득 담긴 보자기를 이용한 포장 방법들이 개발되고 있다.

"보자기 문화는 한국의 전통적인 포장기법에서 가장 자랑스러운 부분입니다. 부드러우면서도 여유롭고 풍요로운 느낌이 그대로 보여지는 자태는 한복을 입은 우아한 우리 여인들의 모습이 아닐까 싶습니다."

서로 어우러지기는 어렵지만 조화를 이룬 후에는 더할 나위 없이 우아하고 세련된 느낌으로 표현되는 것이 한국적인 색깔들. 거기에 그 느낌을 이용하여 좀더 편하고 쉽게 포장할 수 있다면 더할 나위없는 포장법이다.

"원형은 원형대로 각이진 상자는 높으면 높은 데로 낮으면 낮은 대로 모양이 잡혀지는 보자기 포장은 마치 마술에 걸린 듯 취해 버린답니다. 특히 한복감으로 만들어진 보자기는 질감이 부드러워 자유자재로 포장기법의 표현이 가능하지요. 보자기가 크면 큰대로 주름을 잡거나 리본처럼 사용하여 보우로 장식할 수 있으며 또 작으면 리본이나 매듭실 등을 이용하여 크게 쓸 수 있는 방법도 생각할 수 있답니다. 우리의 혼수 포장에도 이러한 보자기의 여유로움이 더해져서 때로는 우아하고 정중하게 때로는 실용적이면서 경제적으로 다시 사용될 수 있는 포장 문화가 널리 알려졌으면 싶습니다."

한국적이어서 그래서 더욱 세계적일 수 있는 이런 그의 열정이 앞으로 계속 전승되어 좀더 가치있는 우리 문화를 만들어 보자는 열정이 배어 나오는 듯하다.

오방색으로 풀어 낸 한국적인 색채의
이바지 음식 포장

오행을 색으로 나타내면 목(木)은 청, 화(火)는 적, 토(土)는 황, 금(金)은 백,
수(水)는 흑으로, 청색은 하늘과 탄생을, 적색은 밝음과 고귀함을,
황색은 땅과 중앙을, 흰색은 태양과 길한 조짐을, 검은색은 신격과 북쪽을
각각 상징한다.

한국적인 색상들은 정확한 명도와 채도로는 설명할 수 없는 천연 염료에서
우러나온 자연의 색이다. 여기서는 전통 혼례복의 색상을 변형시켜 한국적인
혼례 상차림을 꾸미고 그 것을 운반할 수 있는 포장법에 대하여 소개하였다.

이바지 음식 포장

이바지 음식은 본래 시댁의 사당에 새사람이 왔음을 고하는 제를 위해
신부댁에서 마련해 가는 음식이나 요즘에는 신혼여행을 다녀와 신부가 시댁
어른들께 인사를 고하며 처음 차려드는 음식으로 신행음식이라고도 한다.

이바지 음식은 '정성을 들여 음식을 준비하다' 라는 뜻의 '이바지 하다' 라는 뜻에서 온 것으로
사돈간의 정을 나누고 시집간 딸이 시댁식구에게 사랑받으며 살기를 기원하는 친정어머니의
마음이 담긴 음식이고, 솜씨와 안목을 자랑하는 의미이기도 하다.

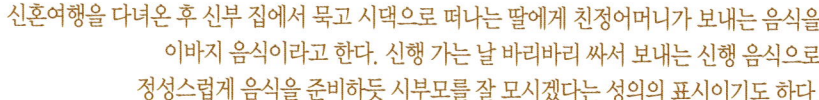

신혼여행을 다녀온 후 신부 집에서 묵고 시댁으로 떠나는 딸에게 친정어머니가 보내는 음식을
이바지 음식이라고 한다. 신행 가는 날 바리바리 싸서 보내는 신행 음식으로
정성스럽게 음식을 준비하듯 시부모를 잘 모시겠다는 성의의 표시이기도 하다.

석작 포장

이바지는 정해진 음식이 있는 것은 아니나, 보통 12가지 양념과 육류, 찜, 전, 과일, 한과, 떡 등
종류별로 한 가지씩 준비하여 시댁에서 잔 다음날 신부가 다른 사람의 도움을 받지 않고도
아침상을 차릴 수 있도록 준비해 주는 것이다.
이바지 음식은 지나칠 필요가 없으며 서너가지 라도 맛깔스럽고 깔끔하게 준비하는 것이 좋다.

본래의 선물보다 더 값질 수는 없겠지만 더욱 귀한 선물로 품격을 높여주는 것이 포장이다.
그 중 우리네 전통을 느낄 수 있는 것이 한지와 보자기를 이용한 포장으로
이바지 음식이나 혼례에서의 폐백 음식 포장들은
이런 우리의 멋을 더욱 멋들어지게 보여줄 수 표현 중 하나이다.

항아리 포장

우리의 음식은 만든 이의 풍성한 마음만큼 정성 또한 가득하다.
내 집 또는 우리 집의 손맛이 가득한 음식을 선물 한다는 것은 쉬운 일은 아니나
음식은 정겨운 인사를 건네기에 좋은 방법이다.

한결같이 모자라는 그릇을 채우고, 채워진 것은 남과 나누는 즐거움으로
더욱이 집 밖을 나가는 선물이란 점을 감안하여 포장까지 곁들이면
더할 나위 없이 값진 선물이 될 것이다.

음식 포장은 포장지의 색상이나 포장지의 종이 질을 고려하는 것이 좋을 듯 하다.
다양한 빛깔의 한지나 부직포는 그런 점에서 가장 적격일 수 있다.
부드러운 종이의 질감과 음식이 직접 닿았을 때의 느낌들이 다른 것 보다 용이할 수 있고,
또 포장하기에도 쉬운 재질이 될 것이다.

음식이 담겨질 그릇의 모양을 고려하여 다양한 포장 방법으로 이바지 음식들을 포장해 보자.

포장하는 방법

01 두장의 포장지를 어긋나게 맞추어 구절판을 중앙에 올려놓는다.

02 중심을 맞춘 다음 한쪽의 포장지를 눌러준다.

03 중심에 맞추어 여분의 종이를 뒤로 접어준다.

04 중앙선에서 위의 포장지를 반대로 접어 배식이 보이도록 한다.

05 모서리에 맞추어 옆의 여분을 안으로 접히도록 맞춘다.

06 두개의 선이 보이도록 접어 눌러주고 반대쪽도 같은 방법으로 접어 누른다.

07 뾰족한 끝은가진 접힌 부분을 직각으로 당겨 올린다.

08 옆선을 깨끗이 맞추어 위로 올린다.

09, 10
반대쪽도 같은 방법으로 접어 올려 양끝이 맞물리도록 한다. 이때 접어 올린 포장지가 잘 마무리 되도록 한다.

11 안쪽 끝 부분에 양면 테잎을 보이지 않게 붙여 포장을 고정시킨다.

12 준비한 장식리본을 돌려 맨다.

준비물

구절판, 2색 한지, 2색 리본, 가위, 양면 테잎, 칼

포장지 사이즈 정하기

가로 : (높이 + 윗면)

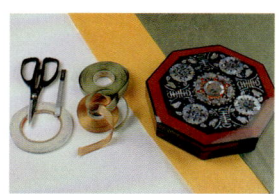

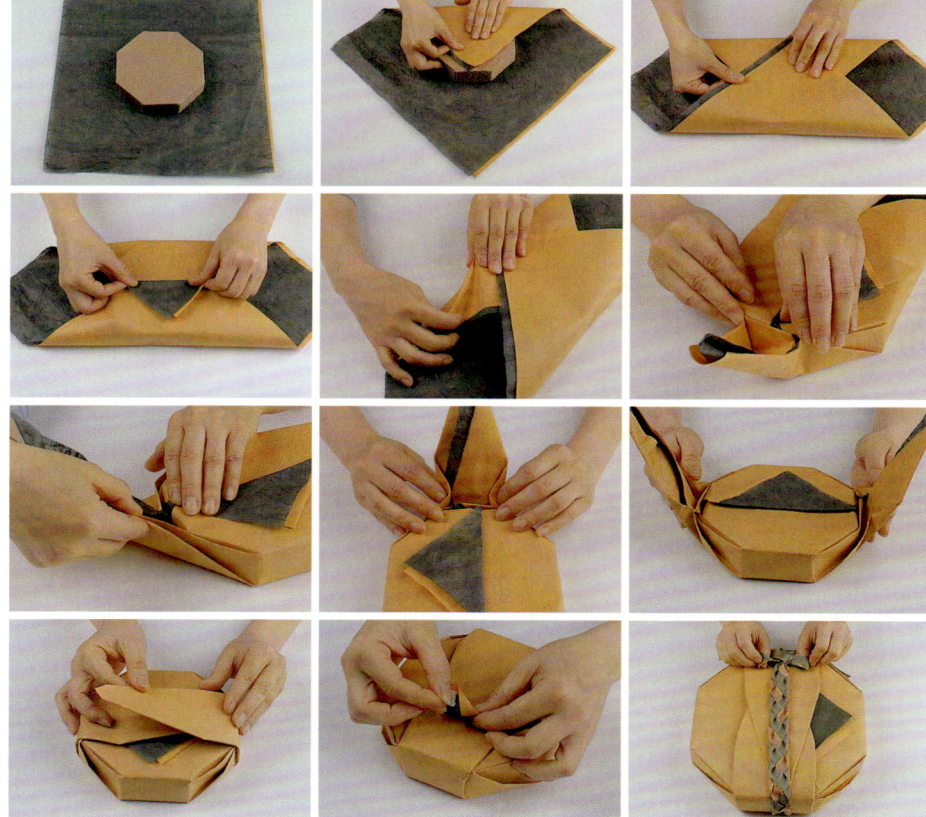

01	02	03
04	05	06
07	08	09
10	11	12

석작 포장

포장하는 방법

01 속 포장을 한 다음 윗면의 옆선에서 마무리 한다.

02 겉포장지의 중앙에 속포장된 석작을 올린다.

03 포장지의 중앙에 석작을 올려놓고 포장지가 서로 마주보도록 윗면을 덮어준다.

04 옆면의 모서리에 맞추어 포장지를 자연스럽에 접어 올린다.

05 양쪽 모서리를 같은 방법으로 모아 쥔다.

06 모아쥔 양쪽의 시접을 모양이 흐트러지지 않게 묶어준다.

07 한쪽에 고리모양을 만들어 준다.

08 반대편 끝을 고리의 안쪽으로 집어넣어 단단히 고정한다.

09 반대편도 같은 방법으로 모서리에 맞춰 접어준 다음 튼튼하게 묶어 준다. 이때 가운데 주름은 팽팽하게 되도록 하며 주름도 자연스럽게 정리하여 마무리 한다.

10 완성된 모양

준비물

석작, 부직포 포장지, 가위, 양면 테잎, 칼

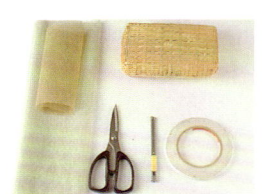

01	02	03
04	05	06
07	08	09
10		

포장하는 방법

01 재단한 포장지를 십자로 만들어 상자의 위치를 잡는다.

02 상자가 움직이지 않도록 옆면의 둘레를 같은 색의 포장지로 감싸 양면 테잎으로 붙인다.

03 중앙에 상자를 올려놓고 포장지를 위로 덮은 다음 반을 접는다.

04, 05
반접은 포장지를 다시 반으로 접어 안쪽으로 접어 넣는다.

06 네면 모두 같은 방법으로 접는다.

07 접은 포장지는 같은 방향으로 접어 올린다.

08 맨 마지막 면의 포장지는 처음 포장지 안쪽으로 집어넣는다.

09 넓은 리본을 이용하여 상자의 옆면을 한 바퀴 돌려주고 보우를 만든다.

 * 와이어가 들어 있는 리본을 사용할 경우엔 적당한 주름을 넣어 장식하는 것도 좋다.

준비물

2색 포장지, 와이어 리본, 가위, 양면 테잎, 칼

포장지 사이즈 정하기

녹색 – 상자 둘레 + 폭
노랑색 – 상자 둘레 + 폭

01	02	03
04	05	06
07	08	09

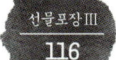

항아리 포장

포장하는 방법

01 재단한 포장지 중앙에 항아리를 올려놓는다.

02 포장지를 포개어 한쪽 끝에 양면 테잎을 붙여 고정시킨다.

03 반대쪽의 포장지의 모서리로 2의 위에 덮어 중심을 맞춘다.

04 항아리의 형태에 따라 아래위로 주름이 골고루 잡히도록 모양을 만든다.

05, 06 양끝의 모서리를 항아리의 위쪽 중앙에서 풀어지지 않게 묶어준다.

07, 08 밖으로 나온 한쪽 끝으로 5의 매듭을 보기 좋게 감아준다.

준비물

항아리, 포장지, 양면 테잎, 칼

포장지 사이즈 정하기

항아리의 윗부분에서 포개지도록 여유분을 잡아 정사각형으로 재단

01	02	03
04	05	06
07	08	

삼합(이합) 포장

포장하는 방법

01 재단한 포장지 위에 이합을 올려놓는다.

02 한쪽이 약간 더 길게 포개어 이합의 위치를 잡는다.

03, 04 긴 쪽의 포장지를 이용하여 먼저 항아리를 감싼다.

05 항아리의 윗면 포장지는 원형의 형태에 따라 눌러주면서 항아리의 옆면에 맞게 여분을 안쪽으로 접어 넣어준다.

06 남은 여분은 주름을 잡아가며 끝이 합의 높이만큼 오도록 처리한다.

07, 08, 09 반대편도 5와 6의 방법으로 포장하여 한곳에서 만나도록 모아 잡는다.

10 매듭 끈으로 모아 잡은 지점에 고정시킨다.

11 주름 부분을 부드럽게 정리해 준다.

준비물

이합, 포장지, 매듭 끈 2개, 가위, 양면 테잎, 칼

포장지 사이즈 정하기

한 모서리가 이합의 뚜껑을 덮고 놓이만큼의 여분을 잡아 정사각형으로 자른다.

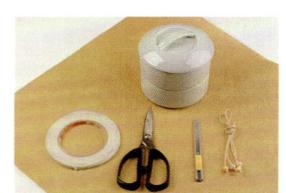

01	02	03
04	05	06
07	08	09
10	11	

음식선물이란
진정한 마음의 표시가 되므로
한번에 좋은 것을 많이 하는 것보다는
적당히 보내는 것이 좋습니다.

궁중음식연구원 한복려 원장이 말하는 우리음식 포장

손끝에서 전해지는 정성

전통적인 ㄱ자 한옥에 둘러 싸여 있는 마당과 그 가운데 우물을 고쳐 만든 시원한 수돗가와 싱그러운 화단, 평상, 항아리, 돌절구 등 옛 정위가 물씬 묻어나는 소품들이 자연스레 자리를 차지하고 있는 이 곳은 바로 우리나라의 궁중 음식과 전통 음식을 연구하는 황혜성, 한복려씨의 '궁중음식연구원'이다. 왠지 이름부터가 이 전통 가옥과 어울려 마치 이곳에 들르면 당장이라도 멋진 음식과 푸짐한 상차림이 준비될 거 같아 전통음식 만큼이나 멋스럽고, 소리를 타고 흐르는 듯한 음식 또한 맛있어 보인다.

요즘 전통가옥이래야 몇몇 가족만을 위한 공간이지만 이 곳은 우리 음식을 배우러 오는 이들이 모여 담소하고, 함께 음식을 만드는 공간이다. 더군다나 음식은 이제 초대의 개념이 아닌 선물용으로도 손색이 없기에 음식을 만드는 것도 중요하지만 그 만든 음식을 어떻게 포장하고 운반할 것인가에 대해 많은 노력이 필요할 것이다.

그럼 음식을 선물 한다면 어떻게 포장해야 할까? 더군다나 그것이 이바지 음식이라면? 음식을 선물 한다는 행위는 비슷하게 보여도 어떻게 포장하느냐에 따라 질은 많이 달라질 것이다. 같은 음식이라도 일반 플라스틱 그릇에 담아 보자기로 묶어서 보내는 것하고 예쁜 그릇에 좀더 멋스럽게 담아 포장해서 상대에게 권했을 때 받는 이의 반응을 생각해보면 그 의미를 쉽게 알 수 있을 것이다. 정성이 들어간 음식은 사람들을 더욱 행복하게도 만들겠지만 포장은 그 행복을 만드는 과정 중 하나이다. "신행음식, 재행음식이라고도 부르며 신부 집에서 정성껏 음식을 만들어 신랑 집에 보내어 시댁가족, 친지들이 새사람이 들어왔음을 알리는 잔치에 요긴하게 쓰이도록 배려하여 보내는 음식을 이바지라 하지만 신부가 친정에 첫나들이를 갈 때(근친, 재행) 신행에 대한 보답으로 시집에서 음식을 장만하여 보내는 음식도 이바지라고도 합니다. 이바지음식은 사돈간에 직접 만나지는 않아도 정을 주고받는 아름다운 풍습이며 집안의 가풍과 솜씨를 은연중에 내보이는 계기가 되므로 더욱 더 신경을 쓰는 것은 사실이죠." "음식 선물이란 진정한 마음의 표시가 되므로 한번에 좋은 것을 많이 하는 것보다는 꾸준히 소용에 닿도록 적당히 보내는 것이 좋겠죠."

그녀가 말하는 음식과 포장은 왠지 닮아 있다. 음식을 만들 때 누군가가 맛있게 먹어줄 상상과 정성으로 음식을 만들 듯 포장 또한 받는 이의 기쁨과 기대를 생각하며 하나 씩 정성스럽게 싸아 내는 것이기 때문이다. 어렵고도 쉬운, 복잡하면서도 간단한 그리고 모든 것을 준비해야 하는 혹은 특별한 무엇도 필요치 않은 아주 매력적이면서도 다양한 음식을 포장할 수 있는 방법들을 알아내기는 생각처럼 쉽지만은 않다. 그러나 늘 음식은 낯선 사람과 나누다 보면 상대의 식습관은 물론 평소 생활을 통해 그 사람의 분위기를 짐작할 수 있듯 음식 포장 또한 우리의 생활에서 적적히 활용될 것이라 생각된다면 소홀할 수 없는 부분이기도 하다. 제대로 알고 적절히 활용만 한다면 더 풍요롭고 행복해지는 선물들을 상대에게 건넬 수 있지 않을까 싶다.

소개의 글

〈 색고은 우리 포장 〉을 만든 사단법인 한국선물포장디자이너협회는 우리나라의 전통포장문화를 바탕으로 세계 각국의 선물포장기술 및 기능을 도입, 창의적인 선물포장 분야로 개발 발전시키는 한편, 선물포장 양성 및 기능인의 새로운 직업 분야에 대한 가치관을 정립하여 긍지와 자부심을 가지게 하는데 그 목적을 두고 지난 2000년 2월 26일부 노동부로부터 정식인가를 받아 설립된 단체입니다.

선물포장 기능, 기술의 체계를 수립, 선물포장 기능인 양성을 체계화, 기능인 취업기회의 확대, 전통 포장의 조사 연구 및 새로운 포장문화를 정립, 선물포장 기능인의 권익보호와 복리증진을 목표로 삼고 있으며, 앞으로 꾸준히 우리나라 전통포장 문화의 기술 및 기능발굴과 신 포장 기법들을 연구 개발할 것이며 세계 각국의 선물포장기술 및 기능에 관한 조사 연구를 할 계획입니다.
또한 선물포장에 관한 도서발간을 비롯해 세미나, 공개강습회, 전시회 등을 가질 것이며, 우수기능인 선발대회 등을 개최하여 많은 기능인들을 발굴, 지원하는 것에 목적을 두고 있습니다.

✳ 선물포장 기능 수업 과정
   기초 과정은 각 형태에 따른 포장의 방법을 연구, 상급 과정은
   기초를 응용한 다양한 포장기법을 연구.

✳ 선물포장 2급 기능 시험
   기초과정 45단위를 수료한 후 응시자격이 부여됨

✳ 선물포장 1급 기능 시험
   상급 과정 45단위 이상을 수료한 후 응시자격이 부여됨

✳ 지도자 과정
   1급, 2급 기능 자격 소지자들이 월 1회, 년 12회 관련 각 분야의
   전문인들로부터 교육을 받아 자격을 보유하게 됨

한국적인 색채가 가득담긴 〈색고은 우리 포장〉의 기획과 스타일링, 사진, 편집 디자인에 참여한 모든 사람들의 일정을 간단히 요약하였습니다. 간접적으로나마 우리의 전통혼례문화를 알리고, 그에 따른 우리의 포장 방법들에 대하여 꾸준히 연구개발하려는 정성과 열정을 좀더 가까이 느껴보시기 바랍니다.

기획 및 스케쥴링

우리의 문양들에는 색과 멋이 주는 고풍스러운 이미지가 있다. 왠지 포장에선 어울리지 않을 것 이라는 우리 모양들을 한동안 여러 시험 단계를 거쳐 '잊혀진 우리 것'이라는 선입견을 버리고 포장에 하나씩 옮기는 작업을 해왔었다. 최근 눈에 띄게 우리 것을 살리려는 노력들이 곳곳에서 늘고 있고 외국의 다양한 포장 재료들이 늘고 있지만 언젠간 우리 것으로 개발하고 개선시켜야겠다는 목적하에 새로운 것에 대한 아이디어를 제공해 주며, 무엇보다 포장을 좋아하는 이들에겐 이것만큼 개성 있는 포장법은 없다는 생각으로 〈선물포장 노트북 3〉을 만들기로 했다. 이제 우리 것으로 눈을 돌려보자.

포장다자인의 개발

먼저 우리 포장을 좀더 쉽게 접근하기 위해 아이디어를 총 동원하였다. 어떤 모양으로 전달되면 많은 이들이 관심을 가져할까? 단순히 포장 방법만을 보여주기만 하는 것이 아니라 이것들을 우리 생활에서 활용하길 원했고 좀더 친숙하게 쓸 수 있는 방법들을 제안하는데 맞춰 생각해 보기로 하였다. 왠지 책임감이 주어진 거 같아 많은 고민이 된다. 그리고 이런저런 책들을 뒤져본 결과 우리 포장 방법을 실질적으로 사용하고 있는 때가 언제인지 떠올려 봤다. 그래 보자기... 그리고 혼례에서...

스타일링

촬영하기 전.. 어떻게 우리의 전통적인 포장을 정교하게 보여줄 것인가는 정해졌는데 각각 종류마다 색다른 포장법을 제안하려니 쉽지는 않았다. 정말 이 포장들이 실 생활에서 잘 쓰일 수 있는지 그리고 만들었을 때 이런 아이디어에 얼마나 많은 사람들이 동요해 줄 수 있을런지... 포장법 이기도 하지만 포장디자인까지도 욕심을 내본다. 또한 주위 소품까지. 이 책은 전통적이면서도 세련미가 물씬 풍기는 책으로 가득 채우고 싶다. 조언을 위해 여러 사람들을 만나보는 것 그리고 그 느낌을 책에 그대로... 역시 우리 것은 알아갈수록 깊이만큼이나 재미가 더한다.

포장디자인의 촬영

포장 디자인의 촬영은 늘 긴장이다. 손으로 접힐 것 같지 않는 미세한 부분과 보자기의 하늘거린 느낌까지도 세밀하게 잡아가기란 생각만큼 쉬운 일은 아니기 때문이다. 얇고 작은 포장지이지만 그 미세한 느낌까지도 담아내기 위해 야외 촬영을 강행한다. 앞으로 계속 좋은 햇살과 푸르른 하늘빛이 가득하길, 그래서 그 기분까지 사진 속에 넉넉하게 묻어나길...

원고 진행

우리 것에 대한 자료들은 때론 쉽게 접할 수 있을 듯 싶다가도 막상 필요한 자료들을 찾을 때면 생각만큼 많지 않음을 실감한다. 어쩌면 그래서 더더욱 욕심을 내보고 싶은지도 모른다. 어느 한 분야에서 새로운 아이디어를 내고 그것을 문서로서 정리하고 많은 사람과 나눈다는 것은 더욱 정감이 가고 힘이 난다. 이 책이 나올 때 쯤 수고한 이들의 노고와 더불어 책을 보는 독자들이 신기해 할 요소들을 더더욱 곰곰히 찾아보는 걸로 즐거움을 더한다.

편집 디자인

우리의 색이 가장 많이 묻어나면서도 전통의 색에 얽매어 촌스럽거나 너무 강하지 않은 받아서 '정말 이쁜 책이다' 라는 느낌이 들 수 있도록 그런 책을 만들기 위해 곳곳에 아이디어를 찾아 나섰다. 더욱이 편하게 볼 수 있는 책의 완성도를 위하여 촬영 부분도 접근성 있게 부분 촬영을 했지만 그것을 적당히 재조명 하면서 시각적인 면까지 고려하여 종이 위에 옮겨보려 한다.

참고 문헌

* 우리가 정말 알아야 할 우리 규방 문화 / 허동화 지음 / 현암사
* 생활예절의 어제와 오늘 / 김순향 지음
* 오방색실과 천으로 잇는 천연 세상 규방공예 / 김지영 · 김문진 지음 / 컬처라인
* 현대포장디자인 / 박규원 / 미진사
* 보자기 / 김현희 지음 / 한국문화재보호재단

제1판 1쇄 발행 | 2004년 1월 26일
제1판 2쇄 발행 | 2008년 7월 03일

저 자 | 김명숙, 김시삼, 박임순, 유영란, 남덕희
기획, 진행, | 김미훈
사진 | 박준영

전화번호 | (사)한국선물포장디자이너협회 (02) 591-1799
홈페이지 | www.krgift.co.kr
주 소 | 137-909 서울시 서초구 잠원동 75-19 반포쇼핑타운 3동 404호
발 행 | 도서출판 함디자인(제22-1880호, 2002년 06월 04일)